교도소의 정신과 의사

치료와 형벌 사이에서 생각한 것들

교도소의 정신과 의사

노무라 도시아키 지음

송경원 옮김

목차

시작하며

이 책의 제목인 《교도소의 정신과 의사》에는 두 가지 의미가 있다.

하나는 이 책이 주로 교도소 같은 교정시설에서 오랫동안 정신과 의사로 근무한 나의 경험을 바탕으로 쓰였다는 뜻이다.

교정시설이란 법무성에서 관할하는 형사시설이나 소년시설을 말한다. 형사시설은 형법에 근거해 크게 피의자, 미결수, 사형수를 구금하는 구치소와 형을 집행하는 교도소로 나뉜다. 소년시설에는 소년법의 취지에 따라 청소년의 비행성을 진단, 분류, 심사하기 위한 시설인 소년감별소*와 청소

---

* 한국의 소년분류심사원에 해당하는데, 현재 국내에는 소년분류심사원이 서울에 한 곳 있고 일부 지역에서는 소년원이 그 업무를 대신한다.

년의 건전한 성장과 발달을 지원하기 위해 교정교육을 실시하는 소년원이 있다. 따라서 청소년을 소년원에 수용하는 주된 목적은 단지 처벌하는 데 있지 않고, 이들을 보호하고 건전하게 성장하도록 돕기 위한 것이라고 할 수 있다. 물론 수용되는 입장에서는 강제적인 조치이자 형벌로 느껴지는 게 당연할지 모른다.

교도소에 수용되는 이들은 재판에서 유죄 판결을 받은 사람들이다. 그러나 한마디로 범죄라고 해도 그 유형과 정도는 천차만별이다. 계획적으로 살인을 저지른 사람, 낯선 행인을 폭행한 사람, 각성제를 팔아넘기려다 체포된 사람, 먹을 게 없어 편의점에서 주먹밥을 훔친 사람, 가족을 간병하다 지쳐 동반자살을 시도했다가 본인만 실패하고 살아남아 결국 유죄 판결을 받은 사람 등등. 이처럼 교도소에는 온갖 인생이 다 있다. 소년원에는 비행이나 범죄를 저질러 가정법원에서 수용이 필요하다고 판단한 만 14세 이상부터 만 20세 미만까지의 청소년이 들어온다.[*] 소년원에도 또한 다양한 삶이 있다. 마찬가지로 구치소나 소년감별소에도 다양한 삶이 있다.

《교도소의 정신과 의사》라는 제목의 또 다른 의미, 무엇보다 '교도소'라는 단어를 책 제목으로 쓴 이유는 교도소로

---

[*]　한국의 경우 만 14세 이상 19세 미만의 청소년이 수용된다.

대표되는 교정시설이 높은 담으로 둘러싸여 우리의 일상과 격리된 채 눈에 보이지 않는 세계가 된 점과 관련이 있다. 여기에서 '교도소'는 우리 사회의 그늘진 부분, 빛이 닿지 않는 부분을 가리키는 말로 쓰였다. 교도소라는 말은 일종의 은유인 셈이다.

이러한 '교도소'에서 내가 경험한 여러 일 중 일부를 글로 옮겨 엮은 것이 이 책이다. 교정시설에서 일하기 시작했을 무렵부터 그 후로 이따금 부딪치게 됐던 몇 가지 문제를 두고 내가 생각했던 것들과, 중간중간 이와 관련해 의료기관에서 겪은 일들도 책에 담았다.

나는 상근과 비상근을 합쳐 20년 이상을 교정시설에서 정신과 의사로 근무했다. 비상근과 의료공조(상근의사가 다른 시설에서 진료하는 것)를 합하면 열 곳이 넘는 시설에서 진료를 보았다. 그렇다고는 해도 나보다 더 오랜 세월 동안 교정의료에 몸담아온 의사들이 많기에 《교도소의 정신과 의사》라는 제목을 붙이려니 약간 주저되기도 했다. 하지만 앞에서 얘기한 이중적인 의미도 포함하고 싶어 굳이 이대로 세상에 내놓기로 했다. 너그러이 용서해주길 바란다.

이 책에서는 가급적 많은 사례를 들어 좀 더 생생하게 사실을 전달하고자 했다. 그 과정에서 각 사례에 등장하는 사람들을 보호하기 위해 성장배경이나 생활환경, 범죄이력 등 몇몇 사항을 크게 수정했음을 미리 밝혀둔다. 모든 내용은 나의 경험을 토대로 한 것이며 여러 사례에서 아이디어를 얻은 것은 분명하지만, 이 책의 내용만으로 개인을 특정할 수 없다는 점도 밝혀두고 싶다.

그러니 이 책을 학문적인 것으로 받아들이기보다 내 경험을 녹인 에세이쯤으로 읽어주시면 좋겠다. 그중에서도 '교정시설에서 바라본 가족의 형태'와 '교정시설에서의 심리치료' 두 장은 나의 기발표 논문 〈형사시설에서의 임상적 관점에서 본 가족〉과 〈가해자에 대한 심리치료〉에서 일부를 큰 폭으로 가필 수정해 재구성한 것이다.[*] 당시 기획에 참여해 아이디어를 개진할 기회를 주신 것에 감사드린다.

---

[*] 野村俊明,〈刑事施設での臨床からみた家族〉, 青木喜久代 編, 《親のメンタルヘルス-新たな子育て時代を生き抜く》(ぎょうせい, 2009), p. 192~202 ; 野村俊明, 〈加害者に対する精神療法〉, 精神療法編集委員会, 《精神療法》(金剛出版, 四一巻一号, 2015), p. 15~18.

교도소 의사로서의 첫발

의사가 된 지 10년이 채 안 됐을 무렵, 나는 의료소년원(현 제3종 소년원)에서 정신과 의사로 근무하게 됐다. 연구회에서 알게 된 지인이 권해주기 전까지 의료소년원이라는 시설이 있다는 사실조차 몰랐다. 당연히 어떤 일을 하는지도 몰랐다.

의료소년원은 소년원에 수감된 청소년 가운데 정신장애나 신체장애 등으로 전문적 치료나 처우가 필요하다고 판단된 아이들이 가게 되는 시설이다.[*]

내가 근무하던 의료소년원에는 내과, 외과, 산부인과, 정신과 등의 의사들이 소속되어 있었다.

---

[*] 일본에는 몇 개 시설이 운영되고 있으나 한국에서는 의료 여건을 갖춘 시설이 대전소년원 한 곳뿐이다. (이하 본문의 각주는 모두 옮긴이의 것이다.)

꽤 먼 길을 돌아 30대에 늦깎이로 의사가 된 나는 의학부에 입학할 때부터 정신과 의사를 꿈꿨다. 정신과를 전공하고 정신병원에서 일하며 조현병 환자를 치료하는 데 전념하고 싶었다. 모교 부속병원에서 수련의를 마치고, 대학 의국이 정해준 대로 파견을 나가 드넓은 대지와 초록으로 둘러싸인 정신병원에서 상근의사로 근무할 때까지는 계획한 대로였다. 그러나 아쉽게도 나는 이 병원에서 오래 일하지 못했고, 낙담한 채 지인의 권유를 받아들여 의료소년원으로 옮기기로 했다. 주 3일 근무와 월별 당직 근무를 몇 번 하면 나머지 날은 연구에 집중할 수 있었다. 외래도 없어 시간적 여유가 있었다. 무엇보다 솔깃했던 건 몇 년 근무를 하면 해외로 유학을 보내주겠다는 얘기였다. 이 같은 약속은 번번이 휴짓조각이 됐는데, 그런 말을 더 해봤자 신세타령밖에 안 될 듯하다. 이 책에서는 지극히 평범한 정신과 의사인 내가 얼떨결에 발을 들인 소년원과 교도소에서 경험한 일에 관해 쓰고 싶다.

의료소년원에 출근한 첫날에 조례가 열렸다. 원장이 간단하게 인사한 뒤 나를 직원들에게 소개했다. 나도 인사를 했는데, 무슨 말을 했는지는 기억나지 않는다. 판에 박힌 말을 했을 게 분명하다. 강렬한 인상을 받은 사건은 조례가 끝난 뒤 벌어졌다. 내가 회의실을 나서 의국으로 돌아가려는

데, 서른쯤 됨직한 풍채 좋은 제복 차림의 남자가 슬쩍 다가와 "이곳은 소년원이지 병원이 아닙니다"라고 말하지 않던가. 사실 말을 건넨다기보다 내뱉는다는 표현이 딱 들어맞는 말투였다. 아닌 밤중에 홍두깨라더니, 그때 나는 깜짝 놀라 눈이 휘둥그레지지 않았나 싶다. 남자(이하 교관 A)는 "이곳에서는 치료보다는 아이들 교정이 우선입니다"라며 말을 이었다. 교관 A와 나는 잠시 나란히 걷다가 의국과 그가 소속된 남자생활관으로 나뉘는 갈림길에서 헤어졌다. 아마도 나는 아무 말 없이 무표정한 얼굴로 걸었던 것 같다. 왠지 모르게 불쾌했지만 교관 A의 말이 대체 어떤 의미인지 그곳에서 무슨 일이 일어나고 있는지 아직 알 수 없었다.

어떤 일이 문제가 되는지는 며칠 후 바로 이해할 수 있게 됐다. 새로 부임한 내게 담당 환자가 배정됐다. 그중 한 소년의 상태가 이상해 격리실에 수용했으니 와서 좀 살펴봐 달라는 전화가 걸려왔다. 정신병원에서 근무할 때도 종종 이런 전화를 받고 대응했던 터라 익숙한 일이긴 했다. 급히 달려가자 소년 한 명이 대략 네 평 크기의 격리실 한가운데에 넋을 놓고 우두커니 서 있었다. 법무교관*이 말을 걸어도 아무런 반응이 없다. 자초지종을 묻자 운동 중에 태도가 불량해 지적을 했더니 갑자기 꼼짝도 하지 않게 됐다고 한다.

---

* 일본 법무성 소속 전문직원으로 소년원, 소년감별소에서 근무하며 수형 중인 청소년들이 재기할 수 있도록 교육하거나 상담, 조언 등을 한다.

자기 방으로 돌려보내 쉬게 하려고 했는데, 상태가 심상치 않아 어쩔 수 없이 격리한 모양이었다. (참고로 당시 의료소년원에는 의사의 지시에 따라 수용할 수 있는 격리실과 법무교관의 판단에 의해 수용할 수 있는 격리실이 따로 있었다.)

나는 안으로 들어가 환자와 직접 이야기해보고 싶다고 말했지만, 그건 안 된다며 거부당했다. 규칙상 이곳에서는 교관의 비호 없이 수감자와 단둘이 있을 수 없다는 얘기다. 잠시 기다리자 첫날 조례 후 내게 선제공격을 날린 교관 A를 포함해 몇 명이 도착했다. 우리는 격리실 안으로 들어가 소년과 대화를 시도했다. 짧게 몇 마디를 건넸지만, 여전히 반응이 없었다. 정신과 의사라면 이런 경우 일단 정신병적 혼미 상태를 의심할 것이다. 다시 말해 기저에 어떤 정신병적 질환이 있기 때문에 이러한 상태가 되었을 가능성을 고려한다. 나는 어떤 말을 해야 할지, 어떤 조치를 취해야 좋을지 생각하고 있었다. 그때 갑자기 큰 목소리가 등 뒤에서 들려왔다. "정신 차려!" "도망치지 마!" 교관 A였다. 그를 제지하며 잠시 기다리라고 하고 돌아보자, 소년은 지쳤는지 그 자리에 주저앉듯 쓰러져 이내 훌쩍훌쩍 울음을 터뜨렸다. 이런 증상은 정신병원에서는 본 적이 없었다. 혈압이나 체온 등 바이털 사인(활력 징후)에는 문제가 없어 그대로 두고 격리실을 나가기로 했다. 문을 나서자 교관 A가 팔짱을 낀 채 싱글거리며 서 있었다. "저 녀석 도망치고 있는 것뿐이라고요." 그는 호언장담하듯 말했다. 도망치고 있는 건 맞다. 그러나 "도망치지 마"라고 말한다고 해서 나을 만큼 간단한 문제가 아니다. 그런 생각을 하고 있는데 그가 강한 어조로 다그치듯 말했다. "멋대로 굴게 둬선 안 된다니까요." 앞으로 내가 상대하게 될 사람은 청소년일까, 아니면 이런 교관들일까 하는 생각에 머리가 어질어질해졌다.

그 소년은 각성제 남용 후유증으로 진단받고 의료소년원에 와 있었다. 이미 열아홉 살인가 스무 살인가 됐을 때였다. 어느 쪽이든 소년원 안에서는 비교적 나이가 든 축이었다. 소년원 생활은 이번으로 세 번째라고 했다. 10대 후반 대부분의 시간을 소년원에서 보낸 셈이다.

각성제 남용 후유증이란 말 그대로 각성제 남용에서 온 후유증으로 망상이나 환각, 불안, 우울 등의 정신증상이 장기간에 걸쳐 지속될 경우 내리는 진단명이다. 소년원이나 교도소에서는 자주 접하는 사례지만, 일반 의료시설에서는 거의 볼 수 없다. 이 소년은 초등학교 때 시너(환각물질) 흡입을 시작으로 결국 각성제 남용으로까지 '발전'하는, 흔히 보는 단계를 밟았다. 불우한 가정에서 자라 부모와의 인연은 진작에 끊겼고, 소년원 출소 후에는 예전에 일하던 회사의 사장이 신원보증인을 맡아주기로 되어 있었다. 성격이 쾌활했고, 소년원이 어떤 곳인지는 익히 알고 있었다. 그래서인지 엄한 법무교관의 지시는 착실하게 따랐지만, 의사인 나 같은 사람에게는 때때로 가벼운 농담을 던지곤 했다.

의료소년원에서는 일과 중에 종종 운동경기 시간을 만든다. 운동을 좋아하는 나는 틈나는 대로 아이들과 친분을 쌓는다는 명목으로 구기 종목에 곁다리로 끼곤 했다. 일하면서 좋아하는 소프트볼이나 농구를 할 수 있다는 게 즐거웠고, 면담실이 아닌 다른 공간에서 아이들과 어울리는 건 치료 면에서도 의미 있다고 생각했다. 일석이조다. 법무교관들도 의사가 이런 식으로 아이들과 교류하는 일을 반겼다.

하루는 소프트볼 시합이 열렸다. 한 소년이 3루 수비를 맡고 있었다. 몇 명인가 출루해 찬스를 맞은 상황에서 나의 타순이 돌아왔다. 나는 타석에 들어서며 3루를 지키고 있는 그 소년을 향해 농담을 건넸다. "그쪽으로 보낼 테니까 잡지 마." 그러자 아이는 바로 내 말을 받아쳤다. "아, 그렇게 나오시겠다. 그랬다간 난동을 피워주지. 다음 당직 때를 기대하라고. 헛것이 보인다며 난리 칠 줄 알라고." 나는 쓴웃음을 지으며 일단 타석에서 물러났다. 아이는 장난꾸러기 같은 표정으로 웃고 있었다.

당직은 의사에게는 부담스러운 업무다. 종종 혼자서 이런저런 상황에 대응해야 할 뿐만 아니라 대개 하루 업무를 마친 뒤 곧장 당직에 들어가고 이어 다음 날 저녁까지 일해야 해서 몸도 마음도 녹초가 된다. 또한 소년원이나 교도소에서 당직을 설 때는 병원에서 느꼈던 것과 차원이 다른 피로감이 몰려왔다. 가벼운 구금 반응*인 듯싶은데, 아무래도 갇혀 있다는 느낌을 떨칠 수가 없었다. 그렇다고 해도 의료소년원에서 지내는 아이들은 다들 나이가 어리고, 앞에 의료라는 말이 붙긴 했어도 몸에 심각한 병이 있는 것도 아니어서, 대개는 자다 깨는 일 없이 밤이 지나가곤 했다. 여느 때처럼 별다른 일이 없을 거라 생각하다가 한밤중에 깨야 할 일이 생기면 죽을 맛일 것이다. 하물며 의도적으로 그런 상황이 만들어진다면 그것만큼 화나는 일도 없다. 그 아이의 말은 그런 의사의 약점을 정확히 꿰뚫고 있는 발언이었다.

돌이켜 생각해보면, 애초에 소년이 보인 각성제 남용 후유증 증상 자체가 실은 물음표가 붙는 것이었을지 모른다. 의료소년원도 엄연히 소년원이므로 그에 맞는 규율이 있고 엄격한 교정교육이 이뤄지는데, 여기에 일반 소년원에 비해 전문적인 의료 지원이 더해진다.

오해를 무릅쓰고 말하자면, 의료소년원은 수용된 아이들 입장에서 '편안한' 시설일지 모른다. 이미 몇 차례 소년원을 들락거리는 소년이 그런 사정을 훤히 꿰고 있다 해도 이상하지 않다. 각성제 남용 후유증으로 흔히 나타나는 증상을

---

* 자유가 제한된 구금 상태에서 일어나는 심리적 반응을 말한다. 몽롱함, 심한 흥분과 난폭, 망상, 억울함 따위의 정신 반응이 나타난다.

연기해 의사나 심리기관*을 속이는 일 따위 식은 죽 먹기일 것이다.

나는 속으로 감탄했다. 이상하게도 화가 난다기보다 되레 소년의 주눅 들지 않는 태도가 기특하게 느껴졌다. 그런 태도가 일반 사회로 돌아가 생활할 때도 도움이 되기를 바랐다. 몇 달 뒤 나는 그의 각성제 남용 후유증이 치료됐다는 진단서를 썼고, 본인도 수긍해 일반 소년원으로 돌아갔다. 소년원을 나간 뒤 고향으로 돌아갔다는 소식은 들었지만, 그 후 어떻게 지내고 있는지는 모른다. 다만, "그랬다간 난동을 피워주지"라는 말은 지금도 왠지 머릿속에 남아 있다.

내가 의료소년원에 근무했던 1990년대에는 각성제 남용으로 소년원에 오는 아이들이 상당히 많았다. 각성제에 의한 정신증상을 보이는 환자라면 정신병원에서 근무했을 때도 웬만큼 봐온 적이 있었다. 다만, 이는 각성제를 사용한 뒤 급성 정신병 상태에 빠져 행정입원이나 보호입원을 하게 된 환자의 경우로, 며칠 혹은 일주일 정도면 급성 상태가 호전되기 때문에 정신병원에서는 그 시점에서 퇴원 결정을 내린다. 참고로 여기서 행정입원이란 정신보건복지법의 규정에 따라 자해 또는 타해의 우려가 높은 환자를 본인이나

---

* 일본의 법무성 소속 심리 전문직원으로 의료 종사자 및 민간 기능자 등을 말한다.

가족의 동의 없이 의사의 진단으로 강제로 입원시키는 제도이며, 보호입원이란 보호자의 동의와 의사의 진단에 의해 입원하게 되는 제도를 말한다. 아주 적은 수이긴 해도 조현병을 동반하는 환자들도 있었고, 장기간 사용한 탓에 각성제로 인한 정신증상이 만성화해 입원 기간이 길어지는 사람들도 있었다. 하지만 대다수는 각성제 성분이 몸에서 빠져나가고 나면 정신병원에 입원해 있을 이유가 없었다. 물론 약물 의존이라는 질환은 해결되지 않은 채 그대로 남는 셈이지만, 당시 나는 약물 의존 치료, 특히 비합법 약물 의존에 대한 치료는 전문시설에서 하는 일이라고 생각했다. 또한 행정입원이나 정신과 응급의료체계에 따라 입원한 사례는 내가 근무하던 병원이 정해진 순서대로 우선적으로 환자가 배정되는 당직병원이 됐을 때라야 경험할 수 있었다. 그런 환자들은 퇴원 후 병원에서 제법 먼 자기 집으로 돌아가는 경우가 대부분이었다.

각성제 남용으로 의료소년원에 수용된 남녀 청소년 비율을 보면 소녀 쪽이 압도적으로 높았다. 막 근무하기 시작했을 무렵, 성별에 따라 정신증상의 발현이나 의존성의 형성에 차이가 있는지 의문이 들어 교관에게 물어본 적이 있다. "각성제는 비싸니까 남자아이들은 웬만해선 손에 넣기가 힘들죠. 자기 마음대로 쓸 수 있을 만큼 집에 돈이 많든지, 아니면 마약 판매에 나서고 그 대가로 각성제를 받기도 하죠. 그런 점에서 보자면 여자아이들은 성매매를 해서 바로 각성제를 살 수 있거든요. 본인은 자기가 원해서 했다고 생각하겠지만, 사실은 남에 의해 만들어진 의존성도 있어요. 그러니 소년원에 각성제 남용으로 들어오는 게 여자아이가 훨씬 많은 것뿐이에요." 그 교관은 정말이지 알기 쉽게 설명해줬고, 듣고 보니 그럴 듯도 했다. 그제야 나는 차츰 이해가 갔다.

의료소년원에서 만나는 각성제 남용 청소년도 경찰서 유치장을 거쳐 소년감별소에서 4주 정도(당시) 지내다가 오기 때문에, 대개 급성기의 심각한 정신증상은 확인되지 않는 경우가 많다. 내 관심은 왜 각성제를 사용하게 되는가 등으로 발전해갔다. 여자아이들은 각성제 복용이나 투약과 같은 위법 행위를 저질러 소년원이라는 법무성 소속의 시설에 강제 수용되었고, 나는 그 시설에서 근무하는 의사다. 일반 병원에서 환자와 만나는 일과는 자연히 의사와 환자 사이의 관계가 달라질 수밖에 없다. 내가 임상심리 공부를 시작할 당시에는 환자(내담자)에게 기본적으로 조언이나 지시를 하지 않는 로저스 학파*의 내담자 중심 치료가 대세였기 때문인지, 환자에게 지시를 내리거나 훈계조로 말하는 것에 거부감이 있었고, 또 말해봤자 소용없다고 여겨왔다. 게다가

---

* 미국의 심리학자 칼 로저스Carl Rogers에게서 시작된 정신분석 학파로 상담을 통해 환자를 치료하는 방식을 취한다.

돌이켜보니 그때까지 각성제 남용으로 입원한 환자를 숱하게 진찰했지만, 이런 종류의 이야기는 들어본 적이 없다는 사실을 깨닫고 소녀들의 이야기를 들어보기로 했다.

　내가 잠자코 듣고 있자, 소녀들은 각성제를 사용하면 얼마나 기분이 좋아지는지 거침없이 이야기하기 시작했다. "각성제 주사를 맞는 순간 몸이 붕 뜨는 느낌이 들면서 기분이 좋아져요." "온몸에 힘이 넘치는 느낌이 들어요." "특히 각성제를 맞고 섹스를 하면 몇 배는 더 좋으니까 도저히 끊을 수가 없게 되죠." 배석해 있던 여성 간호사가 참다못해 주의를 주는 일도 있었지만, 이런 말들이 본심일 거라는 생각이 들었다. "각성제를 맞으면 어떤 쾌감이 있는지도 모르는 사람한테 이래라저래라 잔소리 듣고 싶지 않아요." 이 말을 듣고서 어찌 보면 일리가 있는 이야기라는 생각도 들었다. 몇몇은 내게 각성제를 한번 맞아보라고 권하기까지 했다. "나 같은 입장에 있는 사람이 법을 어기고 각성제를 먹을 수는 없지요." 이런 나의 대답에 대체로 납득을 했지만, 그래 봐야 소용이 없는데도 어떻게 하면 각성제를 손에 넣을 수 있는지 열심히 알려주는 아이도 있었다. 진심으로 각성제를 끊고 싶다고 말하는 소녀는 없었다. 법무교관에게 지도를 받을 때는 반성한다며 앞으로는 그러지 않겠다고 말하면서 말이다. 그렇다고 그런 지도가 무의미하다고 생각하지는 않는다. 다만, 소년원에 들어왔다고 해서 더는 각성제를 사용하지 않겠다고 마음먹게 되지는 않는 듯했다.

여담이지만, 나는 이 소녀들의 이야기를 들으며 내 은사 중 한 분이 들려준 LSD 체험담을 머리에 떠올렸다. LSD는 현재 마약으로 분류되어 사용이 금지되었지만, 1970년까지는 합법이었다. 그래서 호기심 많은 의사들 중에는 강력한 환각제로 알려진 이 약물을 시험 삼아 투약해본 사람들이 더러 있었다고 한다. 은사에게는 환각이 거의 나타나지 않던 모양인데, 상당히 혼란스러워한 사람도 있었다고 한다. "환각 증상이 생기는지 안 생기는지는 개인차가 크다고 볼 수 있지." 은사의 경험으로는 그랬다. 이는 각성제에도 적용할 수 있는 듯한데, 장기간 대량으로 남용하면 심각한 정신증상이 나타날 위험이 커지지만, 멀쩡한 사람은 또 멀쩡하다. 그런가 하면 단 한 번의 남용으로 정신에 심각한 내상을 입는 사람도 있다. 은사의 말로는 LSD 시험 투약 후 만에 하나 정신적으로 혼란해질 때를 대비해 다들 누군가가 옆에서 자신을 지켜보게 했단다. "누구에게 부탁하는지를 보면 그 친구가 의사로서 신뢰하는 사람이 누군지 알 수 있었거든." 은사는 웃으며 말했다. 듣고 보니 그랬다. 어쩌면 당연한 일이겠다고 생각하며, 나라면 누구에게 부탁할까 하고 이 얼굴 저 얼굴을 떠올려봤던 기억이 난다.

온갖 학대를 받으며 자란 한 소녀는 10대 후반에 각성제에 손을 대기 시작해 끝내 각성제 남용 후유증으로 진단받고 의료소년원에 와 있었다. 단정한 얼굴에 어딘가 똑 부러지는 데가 있는 성격이었다. 어느 날 그 소녀가 진지한 얼굴로 내게 이런 이야기를 한 적이 있다. "각성제는 끊고 싶어도 못 끊을 것 같아요. 진심으로 좋아하는 사람이 있는데, 그 사람이 불러서 나가면 꼭 그 자리에 각성제를 갖고 있는 사람이 있거든요. 같이 하자고 조르면 못 이기고 결국 또 할 것 같아요." 소녀는 놀라울 만큼 솔직하게 자신의 감정을 털어놓았다. 나는 이 말이 사실일 거라고 생각했다. 동시에 자신의 상황을 이만큼 가감 없이 의사에게 털어놓을 수 있는 소녀라면, 오히려 어쩐지 각성제에서 벗어날 가능성이 있을지도 모르겠다고 느꼈다.

그 소년은 시너 남용으로 소년원에 들어왔다. 시골의 유복한 가정에서 자란 소년이었다. 몹시 내성적인 성격이었고, 덩치는 크지만 피부가 흰 편이라 그런지 어딘지 모르게 심약해 보이는 인상이었다. 이런 소년이 어째서 소년원에 오게 됐는지 의아했다.

지방의 명문가에서 태어난 소년은 일찍이 교통사고로 부모님을 여의었다. 조부모의 훈육은 엄격했다고 한다. 그 소년이 시너를 흡입한 이유는 호기심 때문이 아니었다. 쾌감이나 반항심 같은 것도 아니었다. 불량 그룹에 찍히는 바람에 그들이 시키면 거부하지 못하고 따를 수밖에 없었던 모양이었다.

　가정법원에서 이 소년을 소년원으로 보내기로 결정한 까닭은 아마 고향의 불량 그룹에서 소년을 떼어놓을 필요가 있다고 판단했기 때문일 것이다. 다시 말해 소년을 보호하기 위해 소년원 수용을 결정한 셈이다. 성인을 대상으로 하는 형법에서는 보호 목적으로 교도소에 입소시키는 일은 있을 수 없지만, 소년법의 취지에서 보자면 이러한 결정은 충분히 있을 법하다. 그러나 이 심약한 소년에게 소년원은 무서운 사람들이 우글거리는 곳이었다. 제복 차림의 법무교관에게도 공포심을 느꼈을지 모른다. 가정법원 판사의 의도와는 달리 소년은 겁을 먹고 방에서 나오려고 하지 않았다.

　이 소년은 아이들의 무리 속에 들어가지 못했다. 법무교관이 옆에 붙어 있어도 잔뜩 움츠러들어 체조조차 함께하지 못했다. 교관이 온갖 수를 다 써가며 방 밖으로 나오게 하려 했지만, 요지부동의 자세로 버티고 나오지 않았다. 겁에 질려 얼어붙은 얼굴과 눈에 눈물이 글썽글썽한 소년을 보고선 교관들도 억지로 강요할 일이 아니라고 판단했다. 이런 상황이라면 어쩔 도리가 없으니 교관들도 소년을 너그럽게 대하는 한편 의사에게는 뭔가 방도를 내보라고 요구했다. 마침 이 소년의 담당의사가 된 나는 이런 극단적 도피 행태를 보며 시너가 영향을 미쳤을 가능성을 고려해보았다. 그러나 창 너머로 대화할 때는 말도 조리 있게 잘해서 어떤 특정 정신장애로 진단할 수는 없었다. 시너의 영향이 있을지 몰라도, 남용 후유증을 의심할 만한 징후는 없었다. 결국 단지 겁에 질렸을 뿐이니, 점차 적응해나가도록 도울 수밖에 없다는 결론에 이르렀다.

그래서 나는 다른 아이들이 없을 때를 골라 소년을 방에서 데리고 나와 같이 뜰에서 캐치볼을 하거나 체육관에서 농구를 했다. 앞에서도 말했지만, 나는 어릴 때부터 야구라면 죽고 못 사는 열혈 야구소년이었고 고등학생 때 어떤 사정으로 그만두기 전까지는 꽤 열심히 야구를 했다. 정신과 의사로 일하면서 캐치볼을 할 수 있다는 게 나로서는 즐거운 일이었고, 소년 역시 이 제안에 응해줬다. 이처럼 조금씩 외부 자극에 노출되다 보면 어느 정도 변화를 기대할 수 있을지 모르겠다고 생각했다.

하지만 소년원에서는 의사가 수감자와 단둘이서 면담을 하거나 뜰을 산책하는 일은 규정상 허용되지 않았다. 그래서 짬이 나는 교관에게 동행해달라고 부탁해야 했다. 이게 사실은 꽤 귀찮은 일이어서, 바쁜 교관들을 움직이게 하는 데 무진 애를 먹었다. 어찌어찌해 우리와 동행하게 된 교관들 대부분은 나와 소년이 캐치볼을 하거나, 서로 펑고*를 주고받는 모습을 넋 놓고 바라보았다. 한숨 돌리는 시간이기

---

* 야구에서 수비 연습을 위해 날리는 타구를 말한다.

도 했을 것이다. 어느 날 교관 A가 동행하게 됐다. 어쩐지 예감이 좋지 않았다. 아니나 다를까 교관 A는 "선생님, 같이 하시죠"라며 뜻밖의 말을 꺼냈다. 처음에는 소년이나 내가 평고를 치고 그가 받았다. 잠시 후 유유히 배트를 손에 쥔 그가 말했다. "선생님, 제가 평고를 쳐 드릴 테니 잘 받으세요." 불길한 예감이 한층 더 강해졌지만, 내심 야구에는 제법 자신이 있어 공 받을 자세를 취했다. 교관 A는 내 예상을 훌쩍 뛰어넘는 실력을 가지고 있었다. 평소 그의 체격으로 보나 소년들과 훈련하는 모습으로 보나 웬만큼 운동을 했겠다고 생각은 했다. 그런데 그가 친 평고는 내가 잡을까 말까 한 절묘한 위치로 날아왔다. 나는 좌우로 몸을 던져가며 애쓰다가 고작 공 열 몇 개 만에 손을 들고 말았다. 이만큼 능수능란한 평고는 받아본 적이 없었다. 숨이 턱까지 차오르고 다리에 힘이 풀려 바닥에 널브러졌다. 그런 나를 보며 교관 A는 "겨우 이 정도입니까?" 하며 하하하 웃었다. 소년도 웃었다. 이 소년이 소리 내어 웃는 모습을 본 것은 이때 한 번뿐이었다. 나중에 알고 보니, 나보다 열 살은 어린 교관 A는 모 체육대학 야구부 출신이었다. 야구소년이었다고는 해도 공립 고등학교의 야구부를 도중에 그만둔 나와는 완전히 급이 달랐다. 그건 그렇다 치고 이렇게 돌이켜 생각해보니 교관 A와 나는 얼마나 어른스럽지 못한 기싸움을 했던 걸까. 그로부터 꽤 시간이 흘렀지만, 잔디에 주저앉아 바라본 파란 하늘과 소년이 "하하하" 하고 웃던 얼굴을 아직도 선명하게 기억하고 있다.

이 소년과는 그 후로도 계속 둘이서 운동을 하고 대화를 나눴지만, 끝내 소년은 집단 활동은 제대로 해보지 못한 채 고향으로 돌아갔다. 그사이에도 일부 성급한 교관들이 몇 차례 강경 수단을 써 억지로 집단생활에 적응하게 해보려 했는데, 소년이 워낙 바짝 언 얼굴로 뒷걸음질을 치는 바람에 포기해야 했다. 소년이 고향으로 돌아갈 때 일단 현지의 소년감별소에 며칠 머무르게 됐는데, 만에 하나 귀향 열차 안에서 혼란 상태에 빠졌다가는 큰일이라는 의견이 있어 나도 동행하게 됐다. 교관 두 명과 소년과 나, 이렇게 넷이서 장시간 덜컹거리는 열차를 타고 갔다. 소년은 가는 내내 표정이 굳어 있었지만, 그래도 집에 돌아갈 수 있어서 기쁜 듯했다.

직업상 은둔형 외톨이나 대인공포, 사회불안장애 환자를 접할 기회가 많지만, 이 소년만큼 심하게 인간관계를 두려워하는 사례는 별로 본 적이 없다. 아마도 소년원에서만 그런 게 아니라 학교에서도 흠칫흠칫 떨면서 지내지 않았을까 싶다. 그런 모습이 불량 그룹의 눈에는 좋은 먹잇감으로 비쳤을 수 있다. 또 한편으로 생각하면 이 소년이 시너를 흡입한 이유가 단지 강요당했기 때문만은 아닐지 모른다. 시너는 극도로 내성적인 그에게 자가 치료의 의미도 있었을 듯하다. 시녀에 관해 물어도 소년은 굳은 표정으로 아무런 대답을 하지 않았지만, 시녀를 마시면 평소와 다른 자신을 경험할 수 있었을지 모른다.

소년이 이런 상태였기 때문에 나는 면담 시간이나 횟수를 늘리는 등 특별하게 대응할 수밖에 없었다. 이에 대해 일부 법무교관들로부터 비판의 목소리가 나왔다. 공평하게 대해야 한다는 얘기였다. 증상에 따라 유연하게 대응하는 것은 의학에서는 상식인데, 교정교육의 입장에서 보자면 형평성이 우선이었다. 사실 교관 A는 툭하면 "그렇게 하시면 불공평합니다"라고 나에게 지적을 했다. 다른 수감자들로부터 불만이 나올 수 있다고 말이다. 이런 의견이 나오면 솔직히 고민이 안 되는 건 아니었다. 그런데 이 소년에게 대응하는 과정에서 나는 간부 직원(간부 B) 한 명과 사이가 가까워졌다. 간부 B도 법무교관이었는데, 유연하고 포용력이 있는 사람이었다. 앞에서도 말했지만, 내가 이 소년과 면담을 하거나 뜰을 산책하려면 법무교관이 동행해야만 했다. 가뜩이나 바쁜 교관들에게 부탁하려면 애를 먹었는데, 간부 B는 흔쾌히 시간을 내주었다. 이런 사람도 있구나 싶어 감탄했다. 그리고 간부 B와 내가 친밀한 사이가 된 일은 뜻하지 않은 파급 효과를 가져왔다. 아래 직원들, 즉 현장의 법무교관들이 내 의견을 받아들이게 된 것이다. 내가 의도한 바는 아니었지만, 조직이란 이런 것인가 하고 새삼 배웠다. 그런 중에도 나를 대하는 교관 A의 태도는 하나도 변하지 않았다. 어떤 의미로는 훌륭하다. 여담이지만, 몇 년간 근무하면서 교관 A와는 사적으로 친해졌고 같이 식사를 하기도 했다. 나와 생각의 차이는 있어도 직무에 충실한 사람이었음은 의심할 여지가 없다.

어느 날 내가 간부 B의 방으로 찾아갔는데, 외부에서 걸려온 전화를 받고 있었다. 주고받은 대화로 미루어보건대 외부의 정신과 의사인 듯했다. "저희가 결정할 사항이 아니니 법무성 교정국과 의논해주세요." 대략 이런 취지의 이야기를 하고 있었다. 전화 통화가 끝난 뒤 무슨 일이냐고 물었더니, 꽤 유명한 정신과 의사의 전화인데, 언론에 크게 보도된 사건의 가해자인 소년을 자기가 맡아 치료해주고 싶단다. 나는 선뜻 믿기지 않아 방금 전화를 건 사람이 정말 그 사람이 맞는지 어떻게 알 수 있냐고 물었다. "자네 말이 맞아." 간부 B는 투덜거리듯 대답했다. "그런데 사실 이런 종류의 전화는 수도 없이 걸려 와." 변호사들한테서도 유명한 사건을 변호하겠다는 제안이 심심찮게 들어온다고 했다. 더구나 무료로 해주겠다고 나선단다. 이런 제안이 소년 사건에 대한 열의나 호의에서 비롯된 것이냐고 묻자, 간부 B는 조금 떨떠름한 얼굴로 대답했다. "뭐, 그런 면도 있겠지만, 이름을 날리려는 의도도 있겠지." 유명 소년 사건의 변호를 맡으면 세간의 주목을 받게 될 테니 널리 이름을 알릴 기회일지 모른다는 얘기다. "TV에 얼굴을 내밀 수도 있고 말이야." 전혀 뜻밖의 이야기여서 그런 일도 있을 수 있나 싶었다. 또 자신들이 그 나름대로 힘들게 치료하고 있는 소년들을 장사 수단으로 삼는 것 같아 약간 불쾌해졌다. 그런데 따지고 보면 언론의 보도는 흥미 위주로 흐르는 경우가 적지 않다. 앞서 전화를 건 정신과 의사나 변호사와 비슷한 경우일 수 있다. 스스로 원해서 이런 일을 하는 우리도 마찬가지일지 모른다는 생각이 들었다.

세상을 떠들썩하게 만든 사건을 일으킨 청소년의 치료나 교정교육에 대해서는 내부 직원 가운데서도 각별히 열의를 보이는 사람들이 있었다. 어떤 의미에서는 치료나 교육에 헌신한다고 볼 수 있겠지만, 마음 깊이 숨겨둔 야심 같은 것이 엿보여 기분이 썩 유쾌하지는 않았다. '나라면 치료할 수 있다', '나라면 교정할 수 있다'라는 식의 야심과 각오 말이다. 이런 상황이 되면 어김없이 직원들 사이에 틈이 벌어진다. 아이들은 모두 저마다 다르기 때문에 개별적 대응이 필요하다. 무슨 일이 있어도 예외는 인정하지 않겠다는 태도는 잘못이다. 그렇다고 노골적으로 특별 취급해서도 안된다. 더욱이 그것이 의사나 법무교관의 지나친 자신감이나 야심과 결부되면 끝이 안 좋다.

지금까지 그런 사례를 심심치 않게 봐왔다. 일본 의학계

최고 석학으로 꼽히는 정신의학자 나카이 히사오中井久夫가 미국 정신과 의사 설리번Herbert Harry Stack Sullivan의 말을 어디선가 인용한 바 있다. "생활을 위해 일하는 의사가 가장 좋은 의사다." 곱씹을수록 마음에 와닿는 말이다. 야심이나 명예욕은 말할 것도 없고, '세상을 위해, 다른 사람을 위해', '불행하게 자란 아이들을 위해' 등과 같은 이념이나 정의감이 지나치면 그다지 좋은 결과를 낳지 못한다. 자신의 생활을 위해 담담하게 일하는 사람이 좋은 정신과 의사다.

불행한 청소년들이 적지 않은 현실 앞에서 어른들은 여러 가지로 고심하고 있다. 내가 의료소년원에서 근무하던 때나 지금이나 그 사실에는 변함이 없다. 물론 소년원에 한정된 이야기는 아니다.

이러한 청소년과 법무교관들과의 관계 속에서 나의 의료소년원에서의 의사 생활이 시작됐다. 여기서는 물질 남용에 얽힌 사례에 관해서만 썼지만, 그 밖의 다양한 정신장애를 앓는 청소년들이 있었다. 정신병원에서 좌절을 맛본 뒤 다른 병원을 알아보는 동안 잠시 있을 요량으로 일하기 시작한 교정시설과 그 후로도 오랫동안 관계를 맺게 되리라고는 당시에는 상상도 하지 못했다. 그 후 나는 소년원뿐만 아니라 성인시설인 교도소와 구치소에서도 정신과 의사로 일하게 됐다.

학대가 빼앗아간 것

의료소년원에서 당직을 서던 어느 날 밤, 나는 여자 생활관에서 걸려온 전화벨 소리에 잠을 깼다. 내가 담당하는 소녀가 극도로 흥분 상태인데 진정될 기미가 안 보이니 잠시 와 달라는 거였다. 급히 여자 생활관으로 달려가 얘기를 들어보니, 그 아이가 큰소리를 지르며 자기 방 안의 물건들을 내던지고 이불과 시트를 다 찢어버렸다. 소녀는 격리실로 옮겨진 상태였다. "여기 선생님이 오셨어." 교관이 말하자, 소녀는 순순히 지시에 따라 방 한가운데 앉았다. 격리실에 들어가 소녀 앞에 앉자, 흥분은 조금 가라앉았지만 굳은 표정으로 눈물을 글썽이는 모습이 눈에 들어왔다.

그 소녀는 출소일을 얼마 앞두고 있었다. 빨리 집으로 돌아가고 싶다고 말했지만, 한 달이 채 남지 않았을 무렵부터 눈에 띄게 정서적으로 불안정해졌다. 열일곱 살 소녀가 소년원을 나와 집으로 돌아갈 때 기대 반 불안 반의 심정이 되는 건 당연하다고 우리는 생각했다.

한밤중에 소녀를 붙들고 이야기하는 것도 적절치 않다고 판단해, 진정되기를 잠시 기다렸다가 다음 날 다시 이야기하기로 약속하고 격리실을 나왔다. 그리고 다음 날 소녀로부터 같이 살던 의붓오빠에게 하루가 멀다 하고 성적 학대를 당했고, 지금까지 아무에게도 그 일을 말하지 못했다는 사실을 듣게 되었다. 아이는 요즘 들어 밤만 되면 당시의 광경이 머리에 떠올라 안절부절못하게 된다고 했다. 성적 학대를 당하던 상황을 생생하게 묘사하는 소녀의 이야기를 듣고 있자니 머리가 어질어질하고 속이 울렁거렸다. 그때의 감정을 어떻게 표현해야 할지 지금도 모르겠다. 분노, 분개, 경악, 슬픔, 동정, 혐오감, 거북함 등 여러 가지 감정이 뒤섞여 있었던 것 같다. 그리고 눈앞에 있는 소녀가 그런 일을 당했음에도 이나마 건강하게 살아남아 다행히 이렇게 내 앞에 앉아 있구나 싶었다.

의붓오빠로부터의 학대 사실이 밝혀지면서 소녀는 집으로 돌아가지 못하고 아동양호시설*로 가게 됐다. 아동양호시설은 통상 만 18세까지의 아동이 대상이므로 소녀의 나

---

* 한국의 보육원에 해당한다.

이를 생각하면 간신히 기준을 맞춘 조치였다. 가정법원과 아동상담소에서도 의붓오빠가 있는 집으로는 돌려보낼 수 없다고 판단한 듯했다. 본인은 이 결정에 불만을 드러내며 집으로 돌아가고 싶다고 말했다.

어릴 적 일찍 소녀의 부모는 이혼했다. 소녀는 어머니가 맡아 키우게 됐는데, 아동상담소에서는 어머니에게 양육 능력이 없다고 판단해 한때 아동양호시설에서 지내기도 했다. 이후 어머니 곁으로 돌아갔지만, 충분한 보살핌을 받았다고는 할 수 없었다. 얼마 뒤 어머니가 재혼을 하면서 의붓아버지와 의붓오빠와 함께 가족 네 명이 한집에서 살게 됐다. 의붓아버지는 거의 집에 없었고, 그렇다고 제대로 일을 하는 것도 아니어서 생활은 늘 불안정했다. 소녀가 초등학교에 입학하면서부터는 밥을 챙겨줄 사람이 없어 근처 가게에서 푼돈으로 끼니를 때우기 일쑤였다. 의붓오빠의 성적 학대는 소녀가 초등학교 저학년 때부터 시작됐다고 한다. 어머니는 못 본 체했던 모양이다. 소녀는 10대 중반부터 번화가를 드나들다 이윽고 유흥업소에서 일하게 됐다. 그녀로서는 의붓오빠의 학대를 피할 수 있는 유일한 방법이었을 테다. 의지할 친척이 없었고 학교에도 상담할 만한 사람이 없었다. 몇차례 경찰에 보호 조치된 끝에 소년감별소를 거쳐 의료소년원으로 송치되어왔다. 하루에도 희로애락이 수없이 교차

하며 감정 기복이 심해 양극성 장애(조울증)가 의심됐다. 소녀는 붙임성이 좋았고 진찰할 때는 재잘재잘 말도 잘했다. 장래의 꿈, 좋아하는 연예인, 생활관 생활에 대한 불만 등이 주요 이야깃거리였다. 법무교관들은 이 소녀가 종종 규칙을 지키지 않고 지도에 반발하는 것을 걱정했다. 감정이 불안정했고 짜증을 내는 일이 잦았다. 다행히 큰 일탈 없이 시간이 흘러 어느덧 소년원 출소 이후의 삶이 우리의 대화거리로 오르내리는 시기가 왔다. 많은 청소년들과 마찬가지로 소녀는 부모의 곁으로 돌아가고 싶어 했다. 아무리 심한 학대를 받았더라도 대다수 아이들은 부모의 품으로 돌아가기를 바란다. 돌아가면 학대와 싸움이 또 기다리고 있을지 모르는데도 그렇다. 이것은 우리의 이해를 뛰어넘는 무언가가 작용하고 있다고 볼 수밖에 없다. 드물게 부모의 곁으로는 돌아가고 싶지 않다고 분명하게 주장하는 아이들이 있는데, 이들은 정신건강 상태가 매우 좋은 편이라고 볼 수 있다. 가족이란 때때로 개미지옥과 같은 것이어서, 몸부림치면 칠수록 쉽게 빠져나올 수 없게 되는 관계다.

소녀가 집에서 제대로 된 보살핌을 받지 못하고 자랐다는 것은 사전에 알고 있었다. 하지만 의붓오빠에게 성적 학대까지 받았다는 사실에 관해서는 아무 데서도 언급이 없었다. 가정법원의 기록에도, 소년감별소의 기록에도 전혀 없었다. 의료소년원을 나가기 직전에야 처음으로 털어놓은 듯했다. 소녀와 담당의사인 나의 관계는 그런대로 좋았다고 생각한다. 더 많은 이야기를 들었더라면 어땠을까 싶다. 다만, 학대에 관한 건 물어봐도 답을 듣기 어려웠을 것이다. 굳이 건드리지 않는 편이 더 나은 일도 많다. 누구든 치료자(의사, 상담사 등)에게도 말하고 싶지 않은 일이 있는 게 당연하다. 게다가 내면까지 파고든다고 해서 꼭 좋은 것은 아니다. 그래도 의료소년원을 나가기 전에 내가 조금 더 많은 걸 물어봤더라면 또 다른 전개가 펼쳐졌을지 모른다. 물론 두고두고 결론이 나지 않는 문제이기는 하다.

다만, 분명한 건 이 소녀의 트라우마(정신적 외상)는 다른 아이들도 그렇지만, 어떤 특정 심리치료로는 완전한 치료를 기대하기 어렵다는 점이다. 트라우마로 인한 정신증상의 치료방법에는 체계화된 기법이 몇 가지 있는데, 각각의 기법에 상응하는 효과가 있을 것이다. 그러나 이 소녀처럼 어릴 때부터 수년간 반복해서 학대를 받아온 사람을 대상으로 할 경우, 그러한 체계화된 심리치료는 효과가 없거나, 효과가 있다 해도 매우 제한적이다. 무엇보다 가장 필요한 것은 안정된 의식주 제공과 끈기 있고 꾸준한 지지이다. 달리 말해 좁은 의미의 정신의학이 할 수 있는 일은 지극히 제한적이라는 뜻이다. 의료소년원에서 근무를 시작한 지 얼마쯤 지났을 때 내 마음에는 그런 확신이 싹트고 있었다. 정신과 의사로서 어떤 의미에서는 자기부정에 가까운 확신이긴 했지만 시야가 넓어졌다고 볼 수도 있을 터이다.

결국 마음의 정리가 충분하게 되지 않은 상태에서 소녀는 의료소년원을 나갔다. 몇 달 후 소녀가 머무르던 아동양호시설에서 도망쳤다는 소식을 전해 들었다.

내가 의료소년원에서 근무하며 크게 충격을 받은 일 중 하나는 그곳에 온 많은 청소년들이 말할 수 없이 잔혹한 학대를 받아왔다는 점이다. 각종 기록을 읽다 보면 속이 매스꺼워질 정도였다. 누구나 반복되는 일에 익숙해지기 마련이니 시간이 지나면서 격한 감정은 차츰 잦아들었지만, 의료소년원의 청소년 수감자들에 관한 기록을 처음 접했을 때의 충격은 여전히 남아 있다.

되돌아보면, 1980년대 당시에는 아동 학대를 전문으로 하는 정신과 의사는 그리 흔치 않았다. 현장에서 피해 아동을 진료하는 의사들은 있었겠지만, 이에 관련한 학회 논문 발표도, 연구서 출간도 모두 드문 일이었다. 1990년대였던 듯한데, 한 정신과 의사가 "어떤 정신과 의사가 일본에는 학대가 없다고 말했다는데, 전혀 그렇지 않다"라며 분노해서 짧게 한마디 남긴 글을 읽은 기억이 난다. 만약 일본에 학대가 없다는 발언이 실제로 있었다면, 그야말로 안일했다고 볼 수밖에 없다. 그러나 사실 일본의 정신의학이 학대에 관심을 기울이게 된 지는 그리 오래되지 않았다. 최근에는 아동 학대를 의심해 아동상담소로 신고하는 건수가 급증했다는 보도가 자주 나오고 있다. 또한 학대로 사망한 아동에 대해 상세하게 보도하는 횟수도 늘었다. 그래서인지 학대에 관심을 두는 정신과 의사나 임상심리사도 늘고 있는 것으로 안다. 다만, 이 영역을 전문으로 하는 임상의사는 여전히 턱없이 부족하다. 학대받은 아이들과 직접 마주해야 하는 일은 결코 만만하지 않은 것이다.

내가 대학에서 철학을 공부하다 임상심리학, 나아가 정신의학으로 방향을 전환한 데에는 여러 이유와 우연이 작용했다. 그중에서도 우연히 읽은 《로라, 로라》라는 책도 적잖이 영향을 미쳤다. 정신이 병든 부모 밑에서 자란 로라는 한 살 때 '시끄럽다'는 이유로 뜨거운 프라이팬 위에 던져지는 모진 학대를 받았다. 저자 리처드 담브로시오Richard D'Aambrosio는 가난한 이탈리아계 이민자 가정에서 태어났다고 한다. 충분한 교육을 받지 못해 초등학교 때는 지적장애 특수반에 배정됐는데, 한 열정적 교사 덕분에 재능을 꽃피워 정신과 의사가 됐다. 담브로시오는 경제적으로 풍족해지기를 원했지만 수녀들의 요청을 거절하지 못하고 가정형편이 어려운 로라의 치료를 시작한다. 로라는 처음에는 모든 것에 겁을 내며 마음의 문을 닫고 있었지만, 결국 담브로시오의 치료 덕분에 건강하게 성장한다는 이야기이다. 이 책은 1970년대부터 지금까지 꾸준히 읽히고 있는 듯하다.

의료소년원에서 아이들을 만났던 때만 해도 나는 웬일인지 《로라, 로라》라는 책을 까맣게 잊고 지냈다. 정말 신기한 일이다. 그리고 이 책을 쓰면서 옛 기억을 되살리다 《로라, 로라》를 밤새워 읽고 '심리치료를 공부해야겠다'고 결심한 순간을 생생하게 떠올렸다. 철학 공부가 지지부진해 방황하던 차에 내가 가야 할 길을 찾은 듯한 순간이었다. 그 후 오랜 기간 공부한 끝에 정신과 의사가 됐을 때는 이 책에 대한 기억이 희미해져 있었는데, 결과적으로 이 분야로 돌아온 데는 뭔가 인연이 있는 게 아닌가 싶다.

그런데 사실 처음 이 책을 읽었을 때부터 조금 의구심이 드는 대목이 있었다. 철학과 학생이었던 당시에도 실제 치료는 이 책에서처럼 매끄럽게 진행되지만은 않았을 거라고 생각했다. 이러한 예상은 그 후 여러 가지 형태로 적중했다. 가령 책에서 로라는 정형외과와 성형외과 수술 덕분에 아름다운 여성으로 변모해갔다. 그러나 심한 화상이나 척추 뒤틀림이 어떻게 흔적도 없이 깨끗하게 나을 수 있을까 하는 현실적인 의문이 남았다. 저자 담브로시오의 이름은 그 후 번역서가 한 권 나온 것 말고는 전혀 찾아볼 수 없고, 이 책이 픽션이 아니냐는 의견도 있다. 나 역시 저자가 지어낸 부분이 적잖이 있지 않을까 생각한다. 그렇다고 해도 이 책에 등장하는 사람들, 즉 로라, 정신과 의사 담브로시오, 수녀들, 로라의 부모, 학교 교사들의 모습이 워낙 사실적이어서 이 이야기가 완전히 허구는 아닐 듯하다. 학대받은 소녀가 회복해가는 과정이 생생하게 그려졌고, 무엇보다 여기에 등장하는 수녀들에 대한 묘사가 빼어나다고 느꼈다. 나는 의료소년원에서 퇴직한 후에도 여러 가지 형태로 소년비행이나 아동 보호 관련 일에 관여할 기회가 있었는데, 복지 관계자 가운데 이 수녀들처럼 강인함이 느껴지는 사람들을 만날 때면 탄복할 수밖에 없었다.

한 소년이 유아 외설 행위를 거듭하다 의료소년원으로 송치되어왔다. 가정법원과 소년감별소에서 작성한 기록을 읽어보면 이 소년이 어린아이들에게 강요한 행위는 한마디로 끔찍했다. 소년은 공원에서 놀고 있는 어린 여자아이들을 인적이 드문 곳으로 데려가 강제로 외설 행위를 시켰다. 면담 전 기록을 읽으며 영화 같은 데 흔히 등장하는 흉악한 소년을 떠올렸다. 막상 실제로 만나 보니 몸집이 작고 비쩍 마른 데다 어딘지 모르게 심약해 보이는 소년이었다. 그 소년은 툭하면 울었다. 법무교관의 지도를 받다가 울고, 운동이 고되다고 울고, 동년배 소년들에게 놀림을 받고 울었다.

　소년은 비참한 가정환경 속에서 자랐다. 아버지는 알코올 의존자였던 듯하다. 술에 취하면 아내와 아들에게 폭력을 휘둘렀다. 어린 아들 앞에서 아내, 즉 소년의 어머니를 때리고 성폭력까지 저질렀다. 아버지는 아들 앞에서 그 모습을 보여주며 즐거워한 모양이었다. 소년의 집은 경제적으로도 궁핍했다. 끼니를 거르는 일도 잦았다. 소년은 초등학교 저학년 때부터 등교하지 않았다. 형식적으로는 중학교 졸업장을 받았지만, 실제로는 거의 학교에 가지 않았던 것 같다. 중학교 때 소년은 갈 곳이 없었다. 무얼 하며 시간을 보냈느냐고 물었지만, 기억이 잘 나지 않는다고 대답했다.

소년이 초등학교 고학년 무렵 어머니는 집을 나갔고, 소년은 방치되었다. 그때부터 소년에게는 지옥 같은 나날이 이어졌다. 매일같이 폭력의 공포에 떨었다. 확실하게 말은 안 했지만, 소년 역시 친아버지로부터 성폭력을 당하고 있었던 듯하다. 하지만 소년은 가출할 엄두를 못 냈다. 그런 상황에서 소년은 공원에서 어린아이들에게 성적 가해를 하게 됐다.

소년은 또 지적 능력이 조금 떨어지는 듯했다. 대화를 나누다 보니 내 말을 알아듣는지 아닌지 헷갈릴 때가 종종 있었고, 말이 뒤죽박죽이어서 갈피를 잡을 수 없을 때도 많았다. 소년감별소에서 실시된 지능검사 수치는 지적장애로 진단하는 기준보다는 높았지만 평균을 한참 밑돌았다. 이것이 소년의 타고난 능력인지, 가혹한 양육 환경의 영향인지는 판단할 수 없다. 단지 지적 능력의 부족이 소년이 살아가는

데 좋지 않은 방향으로 작용하고 있다는 건 의심의 여지가 없었다.

나는 솔직히 담당의사로서 무엇을 어떻게 해야 할지 갈피를 잡을 수 없었다. 매주 상당한 시간을 들여 소년의 이야기를 들었는데, 더 이상 대화가 진전되지 않고 겉도는 느낌이었다. 소년원 집단생활에 적응하는 데에도 힘들어 보였다. 혈기왕성한 소년도 수두룩하고 열혈 법무교관도 있다. 소년은 그런 사람들과 마주치면 금세 긴장해 얼굴이 굳고 몸도 뻣뻣해졌다. 생활하다 어떤 실수를 하면 소년은 자주 빤한 거짓말을 했다. 거짓말을 하는 데 거리낌이 없다 보니, 그것이 또 상대의 신경을 거스르게 했다. 소년이 또래 아이들과 대등한 관계를 맺기란 상당히 어렵겠다는 생각이 들었다. 내가 내린 결론은 뻔하게 들리겠지만, 소년에게 안정감을 주겠다는 거였다. 다행히 의료소년원은 일반 소년원보다 소년을 더 잘 보호할 수 있는 환경을 갖추고 있었다. 의식주가 보장되는 환경 속에서 소년의 몸은 성장했다. 키가 자라고 체중도 늘었다. 하지만 가정법원으로부터 주어진 시간은 1년에 지나지 않았다. 이 소년의 내면에서 무언가가 자라기에는 1년은 너무나 짧은 시간이었다.

다른 소년들보다 조금 더 오랫동안 소년원에 있었지만, 소년은 이윽고 의료소년원을 떠나 집으로 돌아갔다. 아버지가 소년을 맡겠다는 의사를 밝힌 듯했고, 소년도 다시 집으로 돌아가기를 원했다. 다른 선택지는 떠올릴 수 없었을 터다. 소년 앞에 많은 어려움이 기다리고 있을 것 같았다. 재범 위험도 있어 보였다.

　최근 교정시설에 있는 동안 정신장애나 지적장애를 가진 수감자가 정신장애인 보건복지수첩* 혹은 치료교육수첩†을 신청해 취득할 수 있게 됐다. 사회 복귀 후 즉시 적절한 의료 복지 서비스를 받을 수 있도록 하기 위한 조치이다. 수감자의 사회 적응을 돕고 재범을 막기 위한 효과적인 수단이라고 생각한다. 이러한 조치는 적어도 시도해볼 만한 가치가 있다. 당시에는 이와 같은 조치들은 시도조차 되지 않았다. 출소일을 얼마 앞두고 나는 소년에게 집에 돌아가면 정신과나 심료내과‡에서 진찰을 받으라고 거듭 권하며 진료의뢰서를 건네줬지만, 소년이 직접 병원을 찾아가 진료받을 가능성은 극히 낮지 않을까 생각했다. 의료소년원을 나간 뒤 소년이 어떻게 지내고 있는지는 모른다. 딱 한 번 소년이 소년원으로 전화를 걸어와 죽고 싶다며 울었다는 소식을 들은 적이 있다. 전화를 받은 직원은 한번 찾아오라고 말했다지만 그 후 상담을 받으러 왔다는 이야기는 듣지 못했다.

---

* 　정신장애로 일상생활과 사회생활에 제약이 있는 사람에게 교부되며, 취득 시 취득세나 공공요금 면제 등 우대를 받을 수 있다. 한국의 장애인 복지카드에 해당한다.
† 　지적장애인, 발달장애인에게 교부되며 취득 시 각종 제도를 이용해 지원받을 수 있다. 한국의 장애인 복지카드에 해당한다.
‡ 　정신과와 내과가 결합된 일본 특유의 진료 과목이다.

법무성 법무종합연구소의 조사 결과를 보면, 소년감별소나 소년원에 수용된 청소년들의 절반 이상이 학대를 받으며 자랐다. 학대라고 하면 대개는 자신과 전혀 상관없는 이야기라고 생각한다. 하지만 어디까지가 부적절하긴 해도 양육이고, 어디서부터가 학대인지 명확한 선을 긋기가 어렵다. 부적절한 양육이라면 모두 학대로 보는 견해도 있지만, 무엇을 부적절하다고 해야 할지 정하기도 쉽지 않다. 학대를 받은 소년이 모두 나쁜 길로 빠지는 것은 물론 아니다. 내 임상 경험에 따르면 절반 이상이라기보다 대다수 비행 청소년이 가혹한 가정환경에서 자라고 있다. 의료소년원에서 담당했던 아이들 대부분이 논란의 여지가 없는 심한 학대를 받아왔다.

학대받은 아이들이 비행을 저지르는 이유는 무엇일까. 이와 관련해서는 여러 가지 견해가 있다. 다만, 영유아기에 양육자와의 관계에서 안정감이나 신뢰감을 형성하지 못한 경우, 안정된 인격을 만들어가지 못하고 사회적 인정을 받지 못하게 되면서 사회에 잘 적응하지 못하게 될 가능성이 높아지는 것은 분명하다.

심한 불안, 공포, 긴장 등을 느낄 경우, 사람들은 크게 세 가지 유형의 반응을 나타낸다. 첫 번째는 불안이나 긴장 등을 모두 있는 그대로 느끼는 것이다. 불안이 심하거나, 장기간 지속되거나, 또는 그 사람에게 어떤 취약성이 있을 경우

기질이나 체질과 관련되어 우울, 공포, 불안, 긴장, 강박 등 여러 정신증상을 보이게 된다. 두 번째는 불안이나 긴장 등 이 신체증상으로 전환되어 나타나는 것(신체화)이다. 두근거 림, 발한, 변비나 설사, 어지럼증 등 자율신경증 증상에서부 터 일어서고, 걷고, 말하기가 불가능해지는 등의 다양한 신 체증상까지 나타날 수 있다. 과거 흔히 히스테리라고 불리 던 전환장애*나 신체화장애†가 이에 해당한다. 세 번째는 불안이나 긴장 등이 행동으로 표출되는 것(행동화)으로, 이 는 한층 더 어떠한 부적응 행동으로 나타나는 경우도 있고 은둔 형태로 표현되는 경우도 있다. 전자는 도박 중독, 알코 올 의존, 섭식장애, 다양한 일탈 행동 등으로 나타난다. 비행 은 이러한 행동화의 표출로 이해할 수 있다. 이와 같이 생각 해보면, 청소년 비행은 학대받은 아이들이 보이는 일련의 부적응 반응의 한 형태(행동화)로서 이해할 수 있다.

또 청소년비행은 부적절한 학습의 결과라고 보는 견해도 있다. 적절한 양육을 받지 못하면 처음부터 적절한 대인관 계를 맺는 법을 배우지 못하기 때문에, 결국 적절한 인간관 계를 형성할 수 없다. 의견이 대립할 때 힘으로 결판을 내려 는 환경 속에서 성장하면, 힘이 센 경우라면 힘으로 밀어붙

---

* 심리적 갈등에 의해 주로 운동이나 감각기능에 이상 증세가 나타나는 질환을 말 한다.
† 심리적 원인이나 갈등이 여러 가지 만성적이고 복합적인 신체증상으로 나타나는 질환을 말한다.

이는 게 당연한 결과이다. 폭력으로 문제를 해결하는 것이나, 폭력으로 약자를 굴복시키는 것이 '나쁘다'라는 사실을 아예 모르는 듯한 사람들도 있다(왜 나쁜지를 논리적으로 설명하기는 사실 어렵다). 반면에 이러한 환경 속에서 자란 힘이 약하거나 내성적인 아이는 그 공동체에서 살아가는 데 상당한 어려움을 겪을 수밖에 없다.

비행 청소년들을 만나면서 가장 고민스러웠던 부분은 일탈 행동의 주요 원인이 양육환경 등 환경적 요인인지, 아니면 지적장애 등과 같이 유전적 소인素因*인지 그 원인을 판단하기 어렵다는 점이었다. 불우한 환경 때문에 성장 발달이 늦어지거나 왜곡되는 경우 아동양호시설, 아동자립지원시설, 소년원 등 어느 정도 보호받을 수 있는 환경에서 생활하게 하면 아이들은 대부분 조금이나마 회복된다. 이런 것을 보면 환경적 요인의 영향이 컸음을 새삼 이해할 수 있다. 그러나 인생의 초기에 상당한 타격을, 그것도 장기간 걸쳐 받았다면 꽤 오랫동안 보호받을 수 있는 환경에서 지내더라도 회복되지 않을 수 있다. 그것이 대인관계의 어려움이나 충동성이라는 형태로 나타나면, 자폐스펙트럼장애(ASD)나 주의력결핍과잉행동장애(ADHD)에 의한 증상인지, 학대로 인한 결과인지 진단(평가)할 수 없다. 이 ASD나 ADHD와 같은

---

* 병에 걸리기 쉬운 내적 요인을 가지고 있는 신체상의 상태를 말한다.

발달장애는 정상 수준에서부터 대단히 심각한 장애에 이르기까지 문제의 정도가 굉장히 광범위하고 복잡해 '정상'과 '비정상'을 가르기가 쉽지 않다. 또 조현병이나 양극성 장애와 같은 좁은 의미의 정신장애도 아동·청소년기에서는 진단하기가 어렵다. 원래 나이가 어린 환자들은 비정형적 증상을 보이는 데다가, 성장 과정의 영향으로 사람마다 증상이 다르게 나타나는 경우도 더러 있기 때문이다.

어쨌든 할 수 있는 일은 다한다는 것에는 변함이 없지만, 의학적인 진단이 확정되지 않으면 어디에다 중점을 두고 치료해야 하는지도 정해지지 않는다. 결론이 나지 않는 한 계속 약물치료만 하는 것도 잘못이고 트라우마 치료에 매달리는 것도 잘못이다. 결국 무리하게 진단을 확정하려고 하기보다 할 수 있는 일은 무엇이든 한다는 자세로 치료교육*을 해나가는 데 도달했지만, 우리는 늘 끝없이 불안을 느낀다. 이런 불안을 감당하기 어려운 정신과 의사에게는 비행이나 범죄 영역의 정신과 임상, 심리 임상은 적합지 않아 보인다.

경험은 많지 않지만, 학대를 가한 양육자를 만난 적이 있다. 의료소년원과 의료교도소†로 양육자가 찾아와서 주치의에게 면담을 청하는 일이 있기 때문이다. 세상에는 참 다양한

---

* 정신장애인의 사회 적응을 돕기 위해 의료적 치료와 특수 교육을 병행하는 것을 말한다.

사람이 있구나 싶은 생각이 들었다. '학대를 가하는 부모'에게 보이는 전형적 성격이라는 게 따로 있는 건 아니다. 다만, 학대하는 부모 자신도 학대받은 가능성이 높다고는 할 수 있겠다. 흔히 말하듯 부적절한 양육을 받으며 자란 사람은 부적절한 양육을 하는 부모가 되기 쉽다는 얘기다. 그렇다고 해도 이는 어디까지나 그러한 경향이 있다는 것일 뿐, 일반화해서는 안 된다.

또 하나, 이것도 어디까지나 인상에 지나지 않지만, 심한 학대를 하고 있는 보호자 중 다수가 어떤 정신장애를 갖고 있는 것처럼 보였다. 여기에는 알코올이나 각성제 등 물질 남용이 포함된다. 반사회성이 강한 양육자 중에는 아동복지나 의료에 대해 공격적인 태도를 보이는 사람들도 있어, 대응하는 직원들을 힘들게 했다. 정신적으로 지쳐버리는 직원이 있어도 이상하지 않다.

나는 학대를 가했던 양육자를 만나면 반드시 누군가에게 육아에 관해 상담해본 적이 있느냐고 묻는다. 대답을 들어보면 하나같이 상담할 사람이 없거나, 혹은 누구에게도 조언을 구하지 않고 아이를 키웠다고 했다. 경제적으로 풍족한 가정은 아예 없지는 않아도 드물었다. 가난은 많은 경우

† 한국에는 수감자의 의료처우와 치료를 전담하는 의료소년원이나 의료교도소가 없다. 다만 진주교도소에서 정신질환 및 결핵 수감자의 치료를 전담하고 있으며, 대전소년원 부속의원에서는 정신질환 등을 앓는 소년원생에 대한 치료와 특수교육을 담당하고 있다.

가정을 지역으로부터 고립시킨다.

아동 학대를 다루는 언론 보도에서는 아이를 학대한 양육자의 비인간적인 면모를 부각시키는 경우가 많다. 분명 도저히 이해할 수 없는 잔혹한 양육자나 보호자가 있기는 하다. 그러나 한편으로는 사회에서 고립된 가정 내에서 사회적 약자에 의해 학대가 일어나는 일이 드물지 않다. 이웃과 교류 없이 좁은 공간에서 육아를 한다는 건 무척 힘든 일이다. 학대의 원인을 보호자나 양육자의 인격이나 성격에서 찾는 것만으로는 해결의 실마리를 얻지 못할 것이다. 이는 문제의 근본 원인을 잘못 파악하게 만든다. 아이는 사회 전체가 나서서 키운다는 관점이 없으면 학대를 줄여나갈 수 없다. 육아와 양육은 사회 공동의 책임으로 보는 데까지 발상을 전환할 필요가 있다. 하물며 모성을 강조하는 것만으로는 양육자를 몰아붙이게 될 뿐이다.

아이를 학대하는 부모가 치료를 받기 위해 스스로 정신과 외래를 찾는 경우가 가끔 있다. 그럴 때는 학대 내용을 구체적으로 듣게 되는데, 나는 지금까지 내가 진찰한 환자를 아동상담소에 신고할지 망설인 경우는 있어도 실제로 신고한 적은 없다. 그런 한편 배우자나 환자의 부모(아이의 조부모)에게 내원을 재촉한 적은 많다. 이처럼 스스로 찾아오는 부모는 대개 어떻게든 극복해나간다. 의사의 재촉에 응해 가족이 함께 진찰을 받는 경우는 더더욱 그렇다. 개중에는 체벌을 훈육이라고 우겨대는 사람도 있지만, 외래를 찾아 이야기를 나눠주는 것만으로도 아직 희망이 있다.

정신과 의사는 직업상, 학대를 비롯한 가혹한 경험을 접하게 되곤 한다. 귀를 막고 싶어지는 내용도 적지 않다. 환자 중에는 어렵게 결심하고 진찰을 받는 사람도 있어서, 내친김에 초진부터 학대나 피해 경험을 털어놓는 일이 있다. 학대를 받았다는 사실을 뒷받침할 만한 증거가 드러나지 않는 경우가 대부분이고, 선뜻 믿기 힘든 경험담도 있다. 의사가 환자의 말을 무조건 의심할 필요는 없지만, 한편으로는 학대나 피해 현장에 같이 있었던 것도 아니어서 전적으로 사실로 인정할 수 있는 입장도 아니다. 그러한 의사의 입장을 환자에게 이해시키려면 이만저만 애를 먹는 게 아니다.

진료를 시작하고 몇 차례 지나서야, 개중에는 몇 년이 지나서야 학대나 피해 경험에 대해 듣게 되는 경우도 있다. 환자에게는 그 몇 달 혹은 몇 년이 지금껏 속에 담아두기만 했던 이야기를 꺼내기 위해 필요한 시간이었을 테고, 눈앞에 있는 의사가 신뢰할 만한지 평가하는 시간이기도 했을 것이다.

한 중년 여성은 만성 우울증으로 10년 넘게 정신과 외래 진료를 받고 있었다. 나는 몇 번째인가의 주치의였다. 고학력 여성으로, 명문대를 졸업한 후 대기업에 취직했다. 몇 년 일하다가 결혼해서 아이 둘을 낳고 집에 들어앉았다. 겉으로 보기에는 아무런 문제가 없는 삶이다. 그러나 이 여성은 20대 중반부터 만성 우울증에 시달리며 통원 치료를 이어오고 있었다. 오랜 기간 치료를 받으며 온갖 약을 다 써 보았다. 다행히 가정이 파탄에 이르지는 않았고, 환자는 최소한의 가사와 육아를 하며 가정을 유지했다. 남편과의 관계도 친밀하다고는 할 수 없어도 험악하지는 않았다. 나는 우울 증상이 이처럼 오래 가는 이유에 대해 뭔가 짚이는 데는 없느냐고 몇 번 물었으나 뚜렷한 대답은 없었다. 이전 주치의의 처방을 미세하게 조정해가며 보름에 한 번 혹은 한 달에 한 번씩 외래 진료를 몇 년 동안 이어갔다.

어느 날, 아마 그날 시간적 여유가 있었던지 환자의 초등학교와 중학교 시절로 이야기가 흘러갔다. "가출을 몇 번 했었죠." 환자의 말에 나는 조금 놀랐다. 지금까지 들어온 환자의 생활사生活史와는 어쩐지 어울리지 않는 이야기였기 때문이다. 가출한 계기, 가출한 기간, 가출해서 한 일 등 환자는 내 질문에 모두 답해줬다. 그렇게 해서 알게 된 건 그 여중생이 번화가 길거리에서 성매매를 했다는 사실이었다. "그래야 끼니를 해결할 수 있으니 어쩔 수 없었어요." 환자는 차분하게 말했다. 가출한 몇 달 사이에 성폭력 피해를 당한 적도 여러 번 있었다고 한다. 주위에 상담할 만한 사람은 없었다. 금방 경찰에 잡히지 않았느냐고 물었지만 그저 미소만 지을 뿐이었다. 부모가 경찰에 신고하지 않았느냐고 묻자 "글쎄요, 별 관심이 없었을 거예요"라며 환자는 나지막하게 대답했다. 왜 지금까지 진찰할 때 얘기하지 않았느냐는 질문에는 "그럴 기회가 없었으니까요"라는 대답이 돌아왔다. 담담하게 말하는 모습에서 애써 자신의 감정을 누르려는 기색이 역력히 보였다.

이 환자의 말을 뒷받침할 수 있는 객관적인 증거는 없다. 어쩌면 어느 정도의 과장이나 판타지가 섞여 있을 수 있다. 하지만 이 여성이 거짓말을 할 이유는 없어 보였다. 이 면담 후 나는 약물치료의 비중을 낮추고 심리치료에 더 중점을 두기로 했다. 이후 이 여성은 점차 증상이 완화되었고 얼마 안 가 안정된 기분을 되찾게 됐다.

이러한 경험을 통해 정신과 의사가 배우는 것은 사람에게는(특히 환자에게는) 생각지도 못한, 입 밖에 내지 못한 트라우마가 있을 수 있다는 사실이다. 이 장을 시작할 때 언급한 소녀도 그랬다. 말하지 않는 이상 그것들은 치료자의 이해를 넘어서는 일이겠지만, 적어도 그런 일이 있을 수 있다고는 인식하고 있어야 한다.

교정시설에서 바라본 가족의 형태

정신과 의사로서 진료를 하다 보면 환자의 가족에 대해서
도 생각하게 되는 경우가 많다. 가족을 직접 만나 이야기할
기회도 종종 있다. 이는 의료기관에서 일하든, 소년원이나
교도소에서 일하든 마찬가지다. 여기서는 의료소년원과 의
료교도소에서 정신과 의사로 일한 경험을 바탕으로 환자
가족에 대해 느낀 것과 생각한 것을 이야기하려 한다.

열여섯 살 소년 A는 의붓아버지에게 중상을 입혀 경찰에
체포되어 소년감별소를 거쳐 소년원에 수감됐다. 친부모는
A가 철이 들기 전에 헤어졌다. 어머니는 파트타임으로 일
하며 A와 형을 키웠는데, A가 초등학교 고학년 때 한 남자
와 동거를 시작했다. 그 남자는 낮 동안은 집에 있다가 밤에

일을 나갔고, 뭔가 언짢은 일이 생기면 형과 A에게 폭력을 휘둘렀다. 그러다가 의붓아버지와 어머니 사이에 아이가 생겼다. A의 말로는 여동생이 태어난 후 의붓아버지의 폭력은 훨씬 더 심해졌다고 한다. A를 감싸주던 형은 중학교를 졸업하자 집을 나갔다. "엄마는 그 남자의 폭력을 어느 정도 눈치챘던 것 같지만, 알은체하지 않았어요." 그러기는커녕 "너만 없었으면……"이란 말을 하기도 했단다. "친구들과 모여 시끌벅적 이야기할 때가 제일 즐거워요. 학교는 재미없어요. 공부는 해봐야 무슨 소용이 있는지도 모르겠어요. 가족들한테는 무시당했고 용돈도 못 받았어요. 부모님과 여동생 셋이서 나가 밥을 먹고 온 적도 있어요. 그런 집에는 이제 돌아가고 싶지 않아요."

A는 이윽고 학교에 가지 않게 됐다. 열두 살에 담배를 피우고 시너를 흡입하기 시작했다. 낮에는 친구들과 모여 있다가 밤이 되면 번화가를 몰려다니며 노는 생활이 이어졌다. 몇 차례 경찰에게 계도 조치를 받았지만 바뀌지 않았고, 집에서 돈을 훔쳐 나오곤 해서 부모와 충돌했다. 체격이 좋고 성질도 거칠었던 A는 초등학교 고학년 때부터 의붓아버지에게 맞았다. 그리고 열여섯 살이 되었을 무렵 의붓아버지를 대적할 수 있을 정도가 됐다. 의붓아버지가 자신의 말을 듣지 않는다고 때리려고 하자 A는 맞서 달려들었다. A의 일격에 의붓아버지는 맥없이 쓰러졌다. 이후 A는 의붓

아버지에게 자주 폭력을 휘둘렀다. 참다못한 의붓아버지는 어느 순간부터 경찰을 부르기 시작했다. 몇 번의 신고 끝에 A는 체포됐다.

A는 기분이 몹시 불안정해서 금방 화를 내거나 울거나 했다. 그래서 일반 소년원보다 의료소년원에서 치료교육을 받는 편이 더 바람직할 것이라는 판단에 따라 의료소년원으로 왔다. A는 심한 불면과 악몽을 호소했다. 법무교관이나 담당의사에게도 반감을 숨기지 않았다. 왜 부모는 아이에게 주먹을 휘둘러도 되고 아이가 부모에게 거역하면 붙잡혀 이런 곳에 갇히느냐, 그걸 모르겠다는 게 A의 주장이었다. '어른'은 도무지 믿을 수가 없다고 생각하는 듯했다.

소년원에 들어온 지 얼마 안 돼 어머니가 찾아왔는데, A는 별달리 할 말도 없는 듯 시선도 맞추려고 하지 않았다. 어머니는 A의 일로 가족이 얼마나 힘들어하는지 의사에게 실컷 하소연을 늘어놓고 돌아갔다.

어머니는 이후에도 가끔 면회를 왔다. 그때마다 담당의사와의 면담을 요청했다. "원래 저런 아이는 아니었어요." "저는 열심히 돌봤어요." "저 애는 집에 있는 게 본인에게도 좋아요." 이런 내용들이었다. 아무래도 어머니는 A가 집을 떠날까 봐 두려운 모양이었다. 남편은 의지가 안 된다고 생각해 아들인 A가 자기 곁에 머물며 보살펴주기를 바라는 듯했다. "A가 집으로 돌아가겠다고 하던가요?"라는 어머니의 질문에 "그런 말은 안 했습니다. 그래도 A는 아직 10대니까 앞으로의 일은 알 수 없지요"라고 대답했다. "저는 쭉 부모님을 돌봐왔어요. 자식이 부모를 부양하는 건 당연하잖아요. 소년원에서는 그런 가족의 의무나 도덕은 가르치지 않나요?" 이런 말을 듣고 있자니, 어머니는 자식을 본인의 안위와 노년을 책임져줄 도구로 여기는 게 아닌가 싶었다. 적어도 A가 그렇게 받아들여도 이상할 게 없어 보였다.

학대 가해자의 상당수가 어린 시절 학대 받은 경험이 있다고 한다. 부모가 아이와의 관계를 형성해갈 때, 자신이 경험한 부모와 자식 간의 관계가 모델이 되는 측면을 부정할 수 없고, 불안정하고 병적인 관계가 반복될 가능성이 적지 않다. 학대는 대물림된다고도 볼 수 있다. 학대를 받은 사람은 부모로서도 그 출발점에서부터 상당히 불리한 조건이라고 말할 수 있을지 모른다.

이 사례에서 가해자인 의붓아버지는 어릴 때 부모를 여의고 숙부와 숙모 밑에서 자랐다. 숙부 집에서의 생활도 녹록지 않았던 듯 늘 혹 취급을 받았고 가끔 맞기도 했던 모양이다.

어머니는 조부모가 늦은 나이에 얻은 아이였다. 어머니가 사춘기가 되었을 때 부모는 갖은 병으로 생활도 궁핍했던 것 같다. 어머니는 고등학교를 중퇴하고 부모를 돌볼 수밖에 없었다. 의지할 친척도 없었다. 10대부터 20대까지의 시간 대부분을 부모를 돌보는 데 썼다. 힘들게 생활하다 부모를 떠나보냈을 때 어머니는 천애고아가 됐다. 눈앞이 캄캄해진 어머니는 비정규직으로 일하던 곳에서 알게 된 남자와 곧 결혼했다. 형과 A, 아들 둘이 태어났지만, 남편은 변변한 직업도 없이 빈둥빈둥하다가 어느 사이엔가 사라졌다.

학대가 일어나는 가족에게서 보이는 공통점 중 하나는 지역을 포함한 인간관계가 단절되어 고립된 삶을 산다는 것이다. 대가족이나 많은 사람이 왕래하는 가정이라고 하더라도 학대가 없다고는 할 수 없겠지만, 어느 정도 보호막이 되어줄 사람들이 있는 게 사실이다. 가해자인 양육자 자신이 빈곤이나 심신의 병이나 장애 때문에 안정된 생활을 꾸리지 못하면, 아무래도 피해자를 포함한 가족이 지역 안에서 고립되기 쉽다. 현대의 가족은, 특히 도시 지역에서는 이웃이나 친척과의 교류가 점점 더 사라지면서 학대가 일어나기 쉽고, 또한 그것이 학대를 발견하기 어려운 이유 중 하나가 되고 있다고 생각한다.

소년 B는 정규직으로 맞벌이를 하는 부모 사이에서 태어났다. 이 남매 중 첫째로 말썽꾸러기이긴 해도 중학교 때까지는 성적도 좋고 운동도 잘해서 부모에게 걱정 끼친 일은 없었다. 그런데 원래 지망했던 고등학교에 떨어지고 원치 않는 학교에 진학한 이후 '질 나쁜' 친구들과 어울리게 됐다. 걸핏하면 학교 수업을 빼먹고 오락실에 모였다. 몇 차례 경찰로부터 훈방 조치를 받았다. 고등학교를 중퇴하고 낮에는 자고 밤이 되면 일어나 번화가에서 놀았다. 열여덟 살 때 공갈 및 상해 혐의로 체포되어 소년원에 송치됐다.

　1년 후 출소하여 집으로 돌아가 얼마간 아르바이트를 했지만 오래 가지 못하고 원래의 거친 생활로 돌아갔다. 스무 살에 각성제 투약 혐의로 체포됐다. 처음에는 집행유예 판결을 받았으나 곧 재범을 저지르고 스물두 살에 소년교도소에서 약 2년간 복역했다. 스물네 살에 출소해 한동안 부모와 같이 살았는데, 번번이 잔소리 듣는 게 귀찮아 집을 나와버렸다. 스물여섯 살에 다시 각성제 단속법 위반으로 징역형을 받았으나 이때 각성제 남용 후유증으로 추정되는 증상이 뒤늦게 나타나 의료교도소(현 교정의료센터)에 송치되어왔다.

　일반적으로 소년원이나 교도소에 수차례 수용되는 사람은 비행이 비교적 어린 나이에 시작되는 경우가 많다. 고등학생이 되고 나서 비행이 시작된 B의 이력은 약간 특이한 편이었다. B의 어머니는 자주 면회를 왔다. 의료교도소에서 면회는 원칙적으로 한 달에 한 번이었던 것으로 기억한다. 하지만 대부분의 가족은 좀처럼 면회를 오지 않는다. 복역 중 한 번도 면회를 오지 않은 가족도 적지 않다. B의 어머니는 매달 왔다. 그리고 담당의사에게도 반드시 면담을 요청했다. 어머니는 B의 소년 시절부터 오늘에 이르기까지의 이런저런 경위를 들려주며, 담당의사에게 동의를 구했다. 그 내용은 한마디로 말해 '자신의 양육에는 문제가 없었다', 'B(그리고 자신)는 오히려 피해자다'라는 거였다.

　그리고 어머니는 의료교도소의 의료 조치가 충분하지 못하다고들 하는데 B가 제대로 된 치료를 받고 있는지 거듭해서 담당의사에게 따져 물었다. 살이 조금 빠진 듯하면 배식이 부실한 것은 아니냐며 따졌고, 기운이 없는 듯하면 혹시 괴롭힘을 당하는 게 아니냐며 캐물었다. B에게는 "내가 너를 지켜줄 테니까, 정신 똑바로 차리고 잘해야지"라며 격려했다. 그렇게 말하는 어머니의 얼굴에는 서늘한 기운이 서려 있었다.

　B는 "짜증 나" 하며 어머니의 말을 한마디로 잘라버렸고, 어머니를 구실로 삼아 "고소할 생각도 있으신 것 같아요"라며 교도관을 위협하는 듯한 말을 늘어놓기도 했다. 어머니가 면회를 왔다 가면 B는 꼭 난동을 부린다며 담당 교도관은 한숨을 쉬었다.

　"B가 불쌍해 못 견디겠습니까?" 내가 묻자 B의 어머니는 순간 허를 찔린 듯했다. "교도소에서 인권이 지켜지고 있는지 걱정될 따름입니다. 지인인 변호사에게도 상담하고 있어요." 어머니가 말했다. "의료교도소로 이송된 당시에 비하면 혈색도 좋고 낮 동안 간단한 작업도 하고 있어 경과는 좋아 보입니다." 어머니가 고개를 끄덕이는 모습을 보고 나는 말을 이었다. "이곳은 교도소이니 쾌적한 장소라고는 할 수 없지요." "다른 수감자와 똑같이 공평한 처우를 받고 있습니다." "병세도 꽤 호전됐습니다." "이미 20대 후반이고 어머니가 걱정하는 것보다 씩씩하게 잘 지냅니다." 그 후로도 한참 대화를 나눈 뒤 어머니는 여느 때보다 깍듯하게 인사를 하고 돌아갔다. 그 후 어머니가 교도소를 찾는 횟수는 눈에 띄게 줄었고, 교도소를 향해 항의하는 일도 줄어들었다. 아울러 B 역시 점차 안정을 되찾았다.

B는 이른바 '평범한' 가정에서 자란 비행 소년이자 범죄자였다. 부모는 대학 졸업자였고 다른 수감자들의 가족보다 늘 차림새가 말쑥했다. B가 초등학교 고학년 무렵부터 부부 사이에 심각한 갈등이 있었던 모양이었다. 그 일이 B에게 미친 영향을 어머니는 마음에 두고 있었다. 이 부부 사이에 구체적으로 어떤 문제가 있었고 어떤 과정을 거쳐 현재에 이르렀는지, 거기까지는 이야기하지 않았다. 다만, B의 행동이 결과적으로 부부의 이혼을 막아주는 역할을 한 것은 분명했다. 어머니는 아들에게 속죄하는 마음으로 교도소로 찾아와 담당의사를 다그쳤던 듯했다. 주치의인 나를 향한 어머니의 공격은 거셌지만, 그 바탕에 아들에 대한 죄책감과 수치심이 깔려 있는 게 엿보였기 때문인지, 나는 그다지 큰 반감은 없었다. 이미 20대 후반이 된 청년의 행동에 대한 책임을 어머니가 떠맡을 수는 없다. B는 교도소에 들

어가 생활하는 것으로 자신이 해온 일에 스스로 책임을 지지 않으면 안 된다. 나는 이런 것을 깨닫기를 바랐다. 그리고 적어도 B의 어머니는 이해한 듯했다.

C는 50대 초반의 여성이었다. 남편과 이혼하고 하나 있는 딸과 살고 있었다. 부모가 돌아가시면서 C에게 상당한 재산을 남겼지만, C는 상습절도죄로 수감됐다. 돈이 궁하지도 않은 C가 백화점이나 슈퍼마켓에서 좀도둑질을 되풀이했던 이유는 '스릴'을 맛보기 위해서였다. 처음에는 주의·경고 정도로 넘어가거나 배상과 합의 선에서 해결하곤 했는데, 끝내 수감 생활을 하게 됐다. 구금이 영향을 미쳤는지 C가 수면장애와 가벼운 우울을 비롯한 이런저런 증상을 호소했기 때문에 내가 가끔 이야기 상대가 되어주곤 했다.

C의 딸은 20대 후반이었다. 명문 대학을 졸업하고 한 유명 기업에서 근무하고 있었다. 늘씬하고 키가 큰 그녀가 교도소 내로(그렇다고는 해도 접수실에서 면회실까지의 제한된 공간이지만) 걸어 들어오면 그곳의 공기가 한순간 바뀌는 듯했다. C의 딸은 정기적으로 면회를 왔는데, 굳이 말하자면 시종일관 굳은 표정으로 엄마와 사무적인 대화를 나누고 갔다. C는 매번 눈물을 뚝뚝 흘리며 자신의 잘못을 빌었다. 그리고 자신이 이곳에 수용된 일이 딸의 앞날에 나쁜 영향을 미치지는 않을지 염려하듯 딸에게 물었다. 그러면 "그렇지

않아요"라고 딸은 대답했고, 그것으로 늘 면회가 끝났다.

딱 한 번 딸의 부탁으로 '증상'에 대해 설명한 적이 있다. 처음부터 끝까지 병적 도벽(절도벽)이라는 병에 관한 질문이었다. 내가 대략 설명을 하는 동안 딸은 가만히 듣고 있다가 원인에 대한 정설이 있느냐고 물었다. 확정된 이론은 없다고 대답하고, 의존이나 기벽嗜癖에 관한 몇몇 학설을 들려주자, 딸은 그저 "어떻게 해야 했을까요?"라고만 하고 깊숙이 고개를 숙인 채 면담실을 나갔다.

범죄란 무엇인가를 규정하기란 의외로 어렵다. 정의 중 하나는 "타인의 기본적 인권을 해치는 것"이다. 절도 피해가 끊이질 않자 버티지 못하고 폐점한 서점을 알고 있기도 해서, 절도를 작은 죄로 가벼이 볼 생각은 없다. 좀도둑질이나 절도 역시 명백히 타인의 기본적 인권을 해치는 행위이다. 하지만 절도의 '스릴'에 농락당하는 C가 '범죄성'과는 인연이 먼 사람인 것 또한 분명하다. 딸은 C에게 희망이자 자랑이었고 마지막 기댈 곳이었다. 중장년에 이른 부모가 자식에게 의지하는 것은 아주 흔한 일이기는 하다. 딸이 대학에 입학해 대학 생활을 마음껏 누리기 시작했을 무렵 C의 '범죄'가 시작됐다. 결과적으로 그 '범죄'는 딸을 C의 곁에 머무르게 하는 효과를 가져왔다. 동시에 C에게는 강한 죄책감이 싹텄다. 두 사람의 관계는 매우 복잡하게 얽혀 있는 듯했다.

교도소에는 이따금 '흉악한 범죄'와 인연이 먼 사람들이 온다. 요즘은 섭식장애 때문에 반복해서 음식을 훔치다가 끝내 실형 선고를 받는 여성이 적지 않다. 그중에는 명문 대학을 나온 사람도 있다. 교도소에 있는 사람들의 학력은 대체로 낮아서 불우한 환경에서 자란 사람이 많다는 것을 보여주는 하나의 지표인데, 섭식장애로 인한 상습절도의 경우는 예외이다. 고학력 여성 수감자 중에는 오랜 기간 섭식장애를 앓아온 환자가 있다. 그들은 대부분 치료 이력이 있고, 입원 치료까지 받은 환자도 드물지 않다. 그러나 섭식장애는 개선되지 않고, 한번 시작한 좀도둑질도 그만두지 못해 끝내 교도소로 오게 되는 처지가 된다. 이들 수감자 중 많은 수가 가족관계에도 복잡한 문제가 많아 보인다. 다만, 이는 가족관계가 섭식장애와 좀도둑질의 시작과 관련이 있는지, 아니면 이런 일이 계속되기 때문에 가족관계가 뒤얽히는지는 판단하기 어렵다.

50대 초반의 남성 D는 간토 인근 현의 현청 소재지에서 태어났다. 아버지는 공장 노동자였는데, D가 열두 살 때쯤 병으로 숨졌다. 형과 누나가 있었지만, D가 중학생 때 집을 나가 지금도 어디에 살고 있는지는 모른다. 아버지가 돌아가신 후 D는 어머니와 쭉 함께 살았다.

　　D는 집 근처 초등학교와 중학교를 다녔다. 면담을 하며 들은 바로는 학창 시절에 대해 썩 좋은 기억을 갖고 있지 않

다. 즐거운 추억이라곤 거의 없어 보였다. 중학교를 졸업한 뒤 그대로 자신이 살고 있는 지역의 공장에 다녔다. 본인 말로는 줄곧 그 공장에서 일하다가 40대 중반에 퇴직했다고 한다. "회사에서 이제 나오지 않아도 된다고 했습니다. 잘린 거지요." D는 담담하게 말했다. 바로 그 무렵 어머니가 갑자기 D의 곁을 떠났다. 그 이유를 D는 모른다. D는 어머니와 같이 살던 아파트에 그대로 살았지만 곧 생활비가 떨어졌다. 40대 후반에는 노숙자가 됐다.

한동안은 지인에게 아쉬운 소리를 하며 돈을 빌려 썼고, 이것도 여의치 않자 쓰레기를 뒤져가며 생활했던 모양이다. 하지만 얼마 안 가 달리 방법이 없어 슈퍼마켓에서 주먹밥을 훔치다가 점원에게 들켜 경찰에 넘겨졌다. 몇 차례 경찰에게 훈계를 듣고 풀려났지만 좀도둑질을 반복하다 결국 구치소에 보내져 재판을 받았다. 이때의 판결에서 징역 1년, 집행유예 2년을 선고받았다. 초범인 점을 감안하면 극히 일반적인 판결이었다. 그러나 이후 그의 생활에는 아무런 변화가 없었음을 생각하면 교도소 수감을 미룬 것에 불과하다고밖에 할 수 없었다. 구치소를 나온 지 며칠 만에 D는 다시 절도 혐의로 붙잡혔다. 이번에는 실형 선고를 받아 지난 판결에서 유예된 징역형을 포함해 도합 3년의 징역을 살게 됐다.

이 교도소에서 D는 성실하게 수감 생활을 했는지 2년 4

개월 만에 가석방됐다. 이때 교도소의 담당직원(분류보호 담당자)이 D의 형을 찾아내어 연락을 취했다. 이대로 출소한다면 똑같은 일이 반복될 뿐이라고 생각했을 것이다. D의 형은 신원보증인이 될 것을 승낙했고(그래야 가석방이 가능했다), 출소할 때 교도소까지 데리러 왔다.

그러나 일단 신원보증인이 되기는 했어도 D의 형이 난처했으리라는 것은 상상하기 어렵지 않다. 형에게는 처자식이 있었다. 대개의 가정이 그렇듯이 교도소에서 나온 동생을 돌봐줄 여건이 안 됐다. 결국 형은 집에서 멀리 떨어진 공원에서 D에게 몇천 엔을 쥐여 주었다. 그리고 자력으로 살아가라고 말하고 떠났다. D는 다시 노숙자로 돌아간 셈이다.

D는 형에게 받은 돈으로 며칠 동안 허기는 달랬지만, 이 돈을 다 쓴 뒤에는 다시 절도를 하다 체포됐다. 곧바로 구치소로 보내져 간단한 재판에서 유죄 판결을 받았다. 이미 '누범 범죄자'이기 때문에 주먹밥 몇 개를 훔친 죄로 징역 3년의 실형을 선고받았다. 이번 복역 중에 D는 몸이 망가져 교도 작업(노역)을 꺼리게 됐다. 식사는 했지만 목욕이나 운동은 하지 않고 온종일 방에 가만히 있었다. 이윽고 스스로 조절이 안 되는지 바지에다 대소변을 지렸다. 교도관은 혼도 내고 격려도 하며 여러 가지 방법을 써봤지만, 어느 순간부터 어떤 말에도 거의 반응하지 않게 됐다. 의사에게 진찰을 받고 '혼미상태' 진단이 내려져 내가 근무하던 의료교도소

로 송치되어왔다.

D는 의료교도소에서도 처음에는 말을 아예 하지 않았고, 내 질문에도 답하지 않았다. 식사만큼은 자기 스스로 먹었는데, 요실금과 변실금은 계속 이어져 간호사나 교도관을 곤란하게 했다. D가 내 질문에 띄엄띄엄 대답하기 시작한 것은 입소한 지 몇 달이 지났을 무렵이었다. 하지만 그래도 가족에 관한 질문에는 고개를 저으며 대답하기 싫다는 뜻을 밝혔다. 끝까지 부모와 형제에 관해서는 어떤 질문에도 대답하지 않았다.

D는 만기까지 의료교도소에 있다가 혼자서 출소했다. 이번에는 마중 나온 가족도 없었다. 의료교도소의 담당관은 사회복지제도를 이용해 시설에 입소하는 게 어떻겠냐고 권했지만, D는 단호하게 거절했다. 명확한 거부에 대해 본인 의사에 반하는 선택을 강요할 법적 근거가 교도소에는 없었다.

이는 현재 일본의 교도소에서 '지극히 흔히' 볼 수 있는 수감자와 가족의 모습이다. 가난하고 불우한 환경에서 자라 기본 교육조차 받지 못해도 일할 수 있는 곳에 취업한다. 젊을 때는 그런대로 일을 할 수 있지만 나이가 들면 직장을 잃는다. 그러다가 머잖아 노숙자가 된다. 운이 좋으면 겨우 연명은 할 수 있겠지만, D처럼 절도를 저지를 수밖에 없는 사람도 있다. 음주나 도박이 이 과정을 가속화하기도 한다. 무전취식을 하다 '사기' 혐의로 수용되는 경우도 허다하다. 힘이 세고 성질이 거칠고 사나운 사람이라면 나쁜 길로 빠져 강도가 될지도 모른다.

E는 스물세 살 남성이다. 태어나자마자 아동양호시설에 맡겨져 중학생 때까지 그곳에서 지냈다. 자세한 사정은 모른다. E는 부모의 얼굴도 기억하지 못했다. 시설에 대해 좋은 추억은 없다고 했다. 종종 나이 많은 아이들에게 괴롭힘을 당했다. 직원은 감싸주지 않았다. 중학교를 졸업하면 더는 이곳에서 지낼 수 없다는 이유로 시설에서 '쫓겨나', 숙소를 제공하는 소규모 공장에서 일했다. 그러나 일주일도 못 가서 도망쳤고 좀도둑질을 하다 보호 처분을 받았다. E를 받아줄 곳이 없어 감별소를 거쳐 소년원에 송치됐다. 반년여 만에 첫 번째 소년원을 나와서 소개 받은 공장에서 일했는데, 여기서도 오래가지 못했다. 상해사건으로 체포되어 다시 소년원으로 송치됐다. 결국 세 번 소년원에 들어갔다. 열네 살 때부터 6년 동안 대부분의 시간을 소년감별소와 소년원에서 지냈다.

스무 살이 넘어서도 사정은 바뀌지 않았고 똑같은 상해사건을 일으키고 체포되어 소년교도소에 수감됐다. 1년 형기를 마치고 출소한 다음 날, 상해사건으로 체포되어 다시 수감됐다. 내가 그를 만나서 몇 번인가 이야기를 나눈 것은 이 두 번째 수감 중의 일이었다.

과묵한 청년이었다. 거의 표정이 없고, 나직하게 작은 목소리로 말했다. 교정 작업은 거의 하지 않았다. "해봤자 소용없어요. 못 합니다." 그가 댄 이유였다. 비슷한 사건을 반복해서 일으키는 이유를 묻자, 그때만큼은 청년의 얼굴에 엷은 미소가 번졌다. 이번에도 출소하면 같은 일을 할 거냐고 묻자 "할 겁니다"라고 분명하게 대답했다. "다음에는 형기가 더 길어질지도 몰라. 더 힘든 생활이 될 거야." 나는 이렇게 말을 이었지만, 청년은 아무런 대답도 없이 그저 무표정했다. 무의미한 말을 했다 싶어 나는 곧 후회했다.

이 청년에게는 갈 곳도 없고 할 일도 없었다. 그 싸늘하게 굳은 무표정한 얼굴의 청년을 바라보고 있자니 '어쩌면 이 청년은 살면서 즐거워서 소리 내어 웃어본 적이 한 번도 없었던 게 아닐까?'라는 생각이 들었다. 〈피아니스트의 전설〉(팀 로스 감독, 1998)이라는 영화가 문득 떠올랐다. 평생을 바다 위 배 안에서만 살다가 끝내 육지로 나오지 못한 피아니스트는 배의 바깥세상에서는 '누구도 알지 못하는 존재'였다. 이 청년도 이와 비슷하지 않을까. 인생의 대부분을 시설에서 보내고 '세상'의 누구도 E를 '모른다'. 게다가 E 또한 교도소에서 '세상'으로 나가는 것이 무서울지 모른다.

아무리 미워도 가족은 없는 것보다는 있는 게 낫다. 소년원이나 교도소에 있는 수감자들의 가족관계가 좋다고는 할 수 없다. 그래도 가족들이 면회를 오면 좋아들 한다. 가족들이 왔다 가면 마음이 동요되는 수감자들이 종종 생긴다. 그렇다 보니 의료진이나 교도관들도 가족 면회 이후에는 아무래도 긴장하게 된다. 하지만 이 또한 수감자의 기대에 대한 반작용이라고 볼 수도 있다. 수감자는 가족과의 면회에 여러 가지(때로는 일방적인) 기대를 품고, 그리고 자주 실망감을 느낄 것이다. 그게 아니라면 불안정해질 이유도 없기 때문이다. 교도소나 소년원에서 만난 수감자 중에는 학대를 받은 사람들이 적지 않았다. 이런 양육자라면 없는 편이 낫지 않나 싶은 경우도 많았다. 하지만 한편으로는 '아무도 없다'는 것 또한 위험하기는 매한가지다.

지금까지 내가 만난 교정시설 수감자 가족의 모습을 기술해보았다. 대부분의 가족은 집안에 범죄자가 있는 것을 부끄럽게 여기고 죄책감을 가지고 있었다. 집안에 범죄자가 생기면 가족도 당연히 죄책감을 느낄거라 생각하는 사람도 있겠지만, 범죄자의 가족이 느끼는 강한 수치심은 일본 특유의 감정이라는 견해도 있다. 적어도 서구에서는 가족 혹은 친척이 어떤 잘못을 저질렀다고 해서 나머지 가족이 주위로부터 책임을 추궁당하는 일은 없는 것 같다. 사토 나오키佐藤直樹*씨는 '세간학世間學'의 입장에서 수감자 등의 가족

---

* 규슈공업대학 명예교수로, 일본 특유의 동조압력과 배타성이 사회에 미치는 영향을 연구하는 세간학 전문가이다.

을 향한 세간의 비판에 대해 고찰했는데(《가해자 가족 때리기》), 이러한 관점은 수긍이 가는 점이 많았다.

비행이나 범죄가 본인의 성장 과정과 관련 있다는 점은 부정할 수 없지만, 그것이 곧 '부모 탓', '가족 탓'이라는 것을 의미하지는 않는다. 비행이나 범죄는 매우 복잡한 문제로, 한 가지 요인만으로 발생한다고는 보기 어렵다. 사건 후 대응 방법을 생각할 때는 원인 분석이 필수적인데, 비행이나 범죄는 단순한 인과관계로 이해하기에는 부적절한 측면이 있다. 가족이 필요 이상으로 죄책감을 느낄 수밖에 없고, 거기에 더해 사회적 제재를 받게 되면서 생활이 힘들어지는 것은 본인의 재출발에도 유리하게 작용하지 않는다. 필요한 것은 가족을 향한 비판이 아니라 지원이다. 가족을 격려하고 북돋아 수감자들의 사회 복귀를 돕는 것이 합리적이라고 본다.

교정시설에서 수감자를 진료하다 보면 그 가족들을 접할 기회도 자연스럽게 생긴다. 지금까지 그중 몇몇 가족의 양상을 살펴보았다. 5만 명의 수감자가 있다면 5만의 가족이 있음은 말할 것도 없다. 다만, 교정시설에서 만난 가족은 일반 의료시설에서 만나는 가족들보다 대체로 '가난하고', '고립되어 있으며', '심한 갈등을 겪고' 있음이 분명해 보였다. 병원의 정신과 외래에서 환자나 가족을 만날 때도 가족 간의 관계가 좋지 않은 방향으로 흘러갈 조짐이 보이면, 수감자나 그 가족과 비슷한 과정을 밟게 되지 않을까 종종 우려스럽다. 교정시설에서 만난 수감자의 가족은 일반 사회의 가족과 완전히 이질적이지도 않고 다른 세계에 속한 사람들도 아니다. 다만 어떤 경향이 강하게 드러나 있는 것일 뿐이라고 생각한다.

이러한 가족에게 어떠한 '치료적 개입'이 가능할지 생각해본 적이 있다. 대부분의 가족에 대해 정신의학이나 임상심리학에서 탄생한 가족치료이론을 넘어선 다른 차원의 접근이 필요하다고 느꼈다. 가족치료란 가족 전체를 한 단위로 보고 치료 대상으로 하는 심리치료를 말하는데, 이를 토대로 한 가족치료이론은 당장의 치료 혹은 카운슬링의 대상이 되는 가족의 역동*에 대한 이해가 부족하다고 생각한다. 그러나 교도소에서 만난 많은 가족은 그 원형이 남아 있지 않을 만큼 무너져 있거나 혹은 학대나 빈곤 등이 몇 세대에 걸쳐 대물림되고 있는 것처럼 보였다. 아마 그들에게 가장 필요한 것은 세련된 심리학적 수법이 아니라, 복지적 배려와 꾸준한 지지일 것이다.

많은 가족을 만나다 보니 '가족문제'에 관해 뭔가 이야기하고 싶은 욕구를 느끼는 정신과 의사나 심리학자가 나오

---

* 가족 구성원 사이의 서열이나 친밀도와 같은 가족 간 관계에 대한 인식을 말한다.

는 것은 어느 정도 이해는 간다. 내 경우에는 가족치료 전문가도 아니고, 가족문제에 대해 잘 아는 것도 아니어서 일반론적으로도 할 수 있는 이야기가 없다. 다만, 현대 사회에서 '이상적인 가족의 모습'을 상정하거나 '가족은 이래야 한다'는 식의 논의를 벌이는 것은 지나치다는 느낌을 지울 수 없다. 지금은 가족의 형태와 기능이 다양해졌다. 한부모 가족과 삼대에 걸친 대가족을 같은 선상에 놓고 '이상적인 가족의 모습'을 논하기는 어렵다. '가족은 이래야 한다'는 규범을 생각하다 보면 아무래도 거기에서 벗어나는 가족을 비판하는 논조로 기울기 쉽다. 그러나 가족의 형태가 점점 더 다양해지는 것은 아마도 막지 못할 것이고 막을 필요도 없다.

가족의 규모가 축소되면 대체로 그 기능도 축소되기 마련이다. 그리고 가정에서의 육아나 간병 등의 돌봄 기능이 축소 및 상실되고 있는 한 사회 즉, 복지나 의료가 그것을 보완하지 않으면 사회적 약자는 갈 곳이 없어진다. 그런데 최근 10년에서 20년 사이에 강조되어 온 것은 개인과 가족의 '자기책임'이며, 사회복지나 공공의료 또한 기능이 저하되고 있는 듯하다. 가족 속에 있어도 자신이 있을 곳이 없고, 의료나 복지로부터도 '밀려난 사람들'이 교도소 같은 교정시설을 자신의 있을 곳으로 여긴다면, 그 누가 이 사회를 살기 좋고 풍요롭다고 말할 수 있을까.

교도소의 정신과 의사

보호실에서 들었던 제야의 종소리

❖

짧은 기간이었지만 규모가 큰 구치소에서 근무한 적이 있다. 돌이켜보면 그때는 세상에 어떻게 이런 일이 있을까, 이런 사람들이 있을까 싶은 놀랄 일들의 연속이었다.

가장 놀라웠던 일은 정신과 진료를 받고 싶어 하는 수감자가 매우 많다는 점이었다. 매일 오전 중에 정신과 진료가 이뤄졌는데, 늘 대만원의 성시(?)를 이루었고 대기실 밖도 사람들로 넘쳐났다. 진료 관련 업무를 전담하는 간호조수(간호사 자격을 보유한 교도관)의 말로는 이것도 희망 진료자의 일부에 불과하고, 상태를 고려해 진찰이 필요한 사람들로만 제한하고 있다고 했다. 희망자 전원을 진찰했다가는 "온종일 해도 끝이 없을 겁니다"라는 얘기였다.

대부분은 불면증을 호소했다. 잠을 못 자니 수면제를 처방해달라고 했다. 어느 정도 이해가 갔다. 미결수여서 교도 작업도 없고, 저녁 9시면 소등, 아침 6시면 기상이다. 재판을 앞두고 있어 불안할 테고, 구치소에 갇혀 있으니 행동의 자유도 없다. 눕자마자 깊이 잠들 수 있는 사람들만 있는 건 아닐 테다. 잠이 안 온다고 해서 TV를 보거나 운동을 할 수도 없다. 주위에 피해를 주지 않으려면 소리를 내서도 안 된다. 수면제를 먹고 잠들고 싶어 하는 사람들이 있는 건 어찌 보면 당연하다.

다만, 구치소에서 진찰을 받는 사람들이 원하는 수면제의 양은 엄청났다. 당시 수면제라고는 벤조디아제핀계 약물밖에 없었다. 이 계통의 약물은 내성이 생기기 쉽고, 약물 의존성의 부작용도 있다고 보고됐다. 진찰 후 필요하다고 판단되면, 우선 이 중 한 종류를 최소량으로 처방한다. 여기서 많은 사람이 "이 정도론 턱도 없어요", "이걸로는 못 자요"라며 항의한다. 하지만 "처음부터 많은 양을 처방해드릴 수 없습니다"라며 의사로서 당연한 설명을 하고서야 첫 번째 진찰이 끝난다. 대다수 사람은 다음 진찰 때 와서 "아무 효과가 없어요"라고 말한다. 하는 수 없이 양을 늘린다. 일단 수긍하고 돌아가지만, 다음에 다시 와서 "아직까지도 약이 안 들어요"라고 한다. 처음에 처방한 수면제가 처방 가능한 한계 용량에 이르면 다른 종류의 수면제를 함께 처방한다. 이 역시

교도소의 정신과 의사

곧 한계 용량에 도달한다. 여기서부터는 의사에 따라 견해가 다른데, 내 경우에는 벤조디아제핀계 수면제는 두 종류 이상 처방해도 효과가 없다고 생각해서, 그다음은 진정작용이 있는 항우울제나 항정신병제를 소량 처방했다. 대부분은 이 정도면 그런대로 만족하는데, 개중에는 더 많은 양을 먹지 않으면 잠을 잘 수 없다고 우기는 사람들이 더러 있었다. 그런 사람들은 대개 각성제를 남용한 경험이 있었다.

수면제 두 종류를 한계 용량까지 처방해도 "아무 효과가 없습니다"라고 말하는데, 특히 기분이 침울한 기색이 없는 사람들에게는 항우울제 대신 조금 더 진정작용이 강한 항정신병제를 처방한다. 흔히 말하는 신경안정제는 작용이 약한 것과 강한 것으로 나뉜다. 과거에는 이를 마이너 트란퀼라이저, 메이저 트란퀼라이저라고 구분해서 불렀다. 최근에는 작용이 약한 것을 항불안제, 강한 것을 항정신병제로 구분하고 있다. 대략적으로 말하면 작용하는 신경전달물질이 달라서 작용의 강도도, 부작용이 나타나는 방식도 다르다. 향정신약*에 대한 반응은 개인차가 크기는 해도, 정신병 증상이 없는 사람이 항정신병제를 복용하면 상당한 진정작용이 나타나 장시간 졸음이나 어지럼증에 시달리는 경우가

---

* 정신작용제. 습관성 또는 중독성이 있어 인간의 정신기능에 영향을 미치는 약제를 통틀어 이르는 말이다. 항정신병제, 항불안제, 항우울제 등 정신치료제 외에 각성제, 환각제 등도 포함된다.

적지 않다.

　내가 근무할 당시, 수면제에 더해지는 항정신병제로는 레보메프라마진이라는 약물이 주로 사용됐다. 이는 특별히 구치소나 교도소라서 그런 것이 아니라, 일반 정신병원 등에서도 마찬가지였다. 처음에는 5밀리그램으로 시작한다. 이 정도 양으로도 졸음이 쏟아진다는 환자가 많은데, 구치소 안에는 강적이 있다. 진찰할 때마다 부작용이 나타나지는 않는지 확인해가며 레보메프라마진의 양을 늘려나갔는데, 몇 번을 증량했는데도 잠을 잘 수 없다고 토로했다. 나로서는 이미 상당량을 처방한 상태라 아무래도 신중해진다. 의학적 상식에 맞춰 증량할 수밖에 없다고 설명하면, "괜찮아요. 내 몸은 내가 제일 잘 알아요. 양을 늘려주지 않으면 다음 진찰 때까지 너무 힘들어요"라며 떠들어댄다. "의사 입장에서는 조금씩 늘려갈 수밖에 없습니다"라고 말해도 "두 배 이상은 늘려주셔야죠", "그래도 어떻게든 좀 해주세요"라는 등 마치 경매라도 하듯, 시장에서 물건값 흥정하듯 한 기세로 끈질기게 매달리는 수감자도 있다.

　환자들의 요구가 지나치다 싶을 때는 옆에서 지켜보던 간호조수가 "선생님이 안 된다고 하시잖아요"라며 제지한다. 이 간호조수의 개입이 없다면 아마도 구치소에서의 진찰은 수면제나 안정제 처방을 두고 한도 끝도 없이 실랑이가 이어질 것이다. 간호조수 중에도 잘 끼어드는 사람과 그렇지 않은 사람이 있고, 또 요령의 문제도 있어서 가끔이기는 해도 수감자와 간호조수가 말싸움 벌일 때도 있었다. 이건 좀 더 드문 일인데, 원하는 대로 처방을 받지 못한 수감자가 폭언을 하거나 날뛰어서 제압당하는 일도 있었다. 어쨌든 시끌벅적한 분위기 속에서 진찰이 진행된다. 그런 분위기에서 진찰을 한 것은 나로서는 처음이자 마지막이었다.

이처럼 약물에 대한 욕구가 강한 사람이 처방 받고 싶어 하는 약물에 공통점이 있는 것도 인상적이었다. 구체적으로 예를 들자면, 플루나이트라제팜(상품명: 사일레스, 로히프놀), 트리아졸람(할시온), 에티졸람(데파스), 리마자폰(리스미) 그리고 베게타민이었다. 이것은 일반 병원 진료에서도 약에 의존적이 된 환자들이 처방을 원하는 약물이다.

이 가운데 베게타민은 클로르프로마진, 프로메타진, 페노바르비탈의 배합제였다. 작용이 강한 베게타민 A와 약간 약한 베게타민 B가 있는데, 베게타민 A는 빨간색, 베게타민 B는 흰색이었기 때문에 "빨간 약 주세요"라고 주문하는 사람도 있었다. '빨간 약'의 개수를 두고 교섭을 벌이는 듯한 장면이 연출될 때도 있었다. 베게타민은 의존성이 문제가 되어 지금은 제조가 중단되었다. 플루나이트라제팜은 미국 영화를 보다가 '데이트 강간 약물'로 불린다는 사실을 알게 됐다. 쉽게 잠들 수 있게 하는 입면入眠 작용이 매우 강력하고 지속 시간도 길다. 일본에서는 일반 의료시설에서 처방되고 있었지만, 미국에서는 반입금지 약물이다 보니 주의가 필요했다. 참고로 트리아졸람(할시온)은 은박으로 포장된 파란색 알약으로, 이를 두고 "파란 약 주세요", "은박이 필요해요"라고 말하는 사람이 가끔 있었다. 거품경제 시대에 파란 약을 알코올에 타 마시면 '환각'을 경험할 수 있다고 해서 한때 유행했는데, 어느 병원의 외래에서 근무할 때 잠을 못 잔다며 찾아온 젊은이가 "할시온이라는 파란색 수면제를 주세요"라고 약 이름을 대며 요구한 적이 있다. 그 젊은이는 자못 괴로운 표정을 지으며 "벌써 한 달이나 잠을 못 잤어요"라며 호소했는데, 혈색이 좋고 피부가 유난히 반들반들했다. 당시 롯폰기에서는 할시온이 한 알에 6천 엔에 팔린다는 소문이 있었다. 일반적으로 교정시설에서는 의존성이 문제가 될 만한 약물은 선택하지 않기 때문에 수감자는 복용할 수 없었다.

그런데 이렇게 수면제에 더해 상당량의 항정신병제까지 매일 복용하는 사람들은 그 후 어떻게 될까. 더 놀란 것은 그 점이었다. 어느 날인가, 수백 밀리그램의 레보메프라마진을 복용하고 있는, 문신을 새긴 풍채 좋은 서른 전후의 남성이 진찰을 받으러 와서 "감방에 가게 됐으니 약은 전부 끊겠습니다"라고 했다. 교도소에 가면 매일 교도 작업을 해야 하고, 무엇보다 향정신약을 처방해주지 않을 테니 구치소에 있을 때 완전히 약을 끊겠다는 거였다. 교도관의 말로는 향정신약을 복용하고 있으면 M급(정신장애를 가진 수감자)

으로 분류되어 가석방 대상이 되기 어려운 점도 한 가지 이유라고 했다. "아무리 그래도 지금 먹는 양이 많아서 갑자기 끊으면 이탈 증상(금단 증상)이 나타날 수도 있고 그 외에도 위험이 너무 큽니다. 끊는 건 좋지만 서서히 줄여가는 게 좋습니다. 그런데 약이 없으면 한숨도 못 잔다고 하지 않았나요?" 내가 물었다. "문제없어요. 제 몸은 제가 제일 잘 압니다. 전에도 끊어봐서 알고 있어요." 그는 내 말을 들을 생각이 전혀 없어 보였다. "처방 받아도 어차피 안 먹을 테니까 세금 낭비예요." 이렇게 말하는 수감자도 있었다. 어쨌든 잠시 옥신각신한 끝에 '스스로 책임지고 끊을 것', '만에 하나 몸에 이상이 생기면 바로 알릴 것'을 약속하고 단번에 처방을 중단했다. 그리고 아무 일도 일어나지 않고 교도소로 이송되어 갔다. 이런 사람이 한둘이 아니다.

진찰할 때마다 마치 흥정하듯 약을 조금만 더 달라 하던 사람들이 때가 되면 모든 약을 갑자기 일시에 중단하고서는 태연자약했다. 이런 사람들의 정신과 육체의 구조를 나는 아무래도 이해하기 힘들었다. "수면제를 딱 끊을 만큼 결단력 있는 사람들은 교도소에서 별 탈 없이 지내다가 가석방으로 나갑니다." 교도관의 이 말에 나는 그렇구나, 하며 묘하게 감탄했다. 한편 개중에는 교도소에 가서도 약이 필요하니 인계 사항에 그렇게 써달라고 반쯤 울상이 되어 사정하는 사람들도 있었다. "환청 환각이 있어요"라며 그때까지 말한 적이 없는 정신증상을 급하게 호소하고 나서는 사람도 있었다. 세상에는 별의별 사람이 다 있다.

구치소에 정신질환 환자가 많다는 점에서도 놀랐다. 그중에도 중증 조현병, 양극성 장애, 약물 남용 후유증 등을 앓고 있는 환자가 많았다.

언제부터인가 '조현병 증상이 가벼워졌다', '조현병이 경증화하고 있다' 등의 이야기가 나오게 됐다. 확실히 내가 정신과 의사가 됐을 당시, 외래 초진에서 조현병 환자를 만나면 당장은 외래에서 진찰을 계속하더라도 머지않아 입원 치료가 필요하게 될 가능성을 항상 염두에 두고 있었다. 하지만 요즘은 외래 통원만으로도 증상이 안정적으로 관리되는 조현병 환자가 적지 않고, 가령 입원해도 몇 달 만에 퇴원할 수 있게 됐다. 조현병 치료법이 발달하기도 했거니와 조기에 진단을 받을 수 있게 된 이유도 있겠지만, 환자의 증상이 가벼워진 것도 그 이유가 될 듯싶다. 내가 젊을 때는 조현병 진단 기준으로 '슈나이더 1급' 증상을 배웠다. 가청사고(자신의 생각이 목소리로 크게 들리는 환청), 대화/논쟁환청(자신에 대해 서로 대화를 나누거나 논쟁을 벌이는 환청) 등이다. 이러한 특징적 환청이나 이상 체험을 병원 외래 환자에게서 듣는 경우가 부쩍 줄어든 느낌이 든다.

교도소 근무를 그만두고 나서는 대학병원과 도심의 정신

과 클리닉에서 일하게 됐다. 그곳에서는 중증 정신병 환자와 만나는 일이 드물었다. 물론 갑자기 급성기 조현병 환자가 찾아와서 입원 환자로 받아줄 병원을 찾아주느라 애를 먹거나, 클리닉에서 소리를 지르거나 물건을 부수는 사람도 있어 어려움을 겪은 적도 있지만, 기본적으로는 경증 환자가 대상이었다. 경증이라서 치료가 쉬웠다거나 환자 본인의 고통이 가벼웠다는 얘기는 아니다. 착란을 일으키거나, 극도로 흥분하거나, 알아들을 수 없는 말을 뒤죽박죽 늘어놓는 사람을 만날 기회는 확연히 줄었다. 그런데도 내가 중증 환자와 만날 기회가 많았던 것은 대학에서 근무하게 된 후에도 비상근으로 다녔던 교도소나 구치소에서 진료를 했기 때문이다. 중증 조현병 환자와 교과서에 실려 있는 다양한 정신병 증상을 보이는 환자가 많았다. 특히 구치소에서는 중증 환자가 많았던 듯하다.

조현병 말고도 여러 가지 정신장애에 지적장애를 더하면, 교정시설 수감자의 상당수가 어떤 정신장애를 앓고 있다는 말이 된다. 수감자가 난동을 부려 구치소 내에 벨이 울리고, 교도관 여럿이 수감자를 붙잡아 보호실에 가두는 일은 일상다반사였다. 중증 정신장애를 가진 수감자 대부분은 치료를 거부했다. 면담마저 거부하는 사람이 적지 않았다. 약을 복용해야 하는 사람이 약을 꺼려 하고, 필요 없는 사람이 약을 원하는 역설적인 상황도 벌어졌다. 교정시설에 정신장애나 지적장애를 가진 수감자가 적지 않다는 사실은 복역 경험이 있는 전 국회의원 야마모토 조지 씨의 저서[*] 등을 통해 알려지게 되었지만, 아직은 자칫 잊히기 쉬운 현실이 아닌가 싶다.

어느 해 섣달 그믐날, 나는 운 나쁘게도 당직으로 뽑혔다. 제비뽑기로 배정했던 것 같다. 연말연시에 당직을 서고 싶은 사람은 없다. 그저 게임 운이 없는 나를 원망할 수밖에.

　참고로 나는 상근과 비상근으로 정신과 시설 몇 곳에서 근무하고 있었는데, 섣달 그믐날에 당직 근무를 희망하는 의사를 딱 한 명 만난 적이 있다. 그 초로의 의사는 "혼자 제야의 종소리를 들으며 차분히 한 해를 되돌아봅니다"라며 자진해서 당직을 맡아주었다. 이렇게 말하는 그 의사를 두고, 고마워하기는커녕 "심각한 인생 고민이 있나 보군" 비꼬듯 말하는 의사들도 있었다.

　섣달 그믐날 아침, 나는 구치소에 들어가 여느 휴일 근무 때처럼 의국에서 대기했다. 보호실에 있는 몇 명의 회진을 돌고 나면, 휴일이니 특별히 할 일은 없고 대기하는 게 일이다. 그런 날에 보호실에 있는 수감자들은 대개 인간관계에서 오는 자극이 불편해서 평소에도 보호실을 편안하게 느

---

[*] 《옥창기獄窓記》(신초샤, 2008), 《누범장애인累犯障害者》(신초샤, 2009) 등에서 교도소 수감자 가운데서도 고령자 및 장애인 수감자의 문제를 깊이 있게 다뤘다.

끼는 사람들이어서, 여느 때처럼 평온하게 지내고 있었다. 당직 의사는 책을 읽거나 가져온 비디오테이프로 영화를 보거나 하면 된다. 한 해의 마지막 날이어서 수감자도 특별히 할 일이 없었고 설 못지않은 특식이 배식으로 나왔다. 그래서 소동이 일어날 가능성은 적어 보였고, 평온하게 밤이 깊어 가고 있었다.

이대로 새해를 맞이하겠구나 싶었는데, 밤 11시쯤 전화벨이 울렸다. "진정시키기 힘든 사람이 있습니다. 좀 와주셔야겠어요." 부스스 일어나 흰 가운을 걸치고 전화가 걸려온 방쪽으로 갔다. 한 중년 남성의 방 앞에 교도관이 여러 명 모여 있었다. 아무래도 무언가를 계기로 교도관과 수감자 사이에 말다툼이 생긴 모양이었다. 중년 남성이 격분해서 항의하고 있었다. 진정시키려고 달래다가 급기야 교도관들도 약간 거칠어졌고 중년 남성도 더더욱 흥분하게 됐다. 이대로라면 교도소 전체에 소란이 날 것 같아 어쩔 수 없이 보호실에 수용하기로 했다. 본인은 도저히 납득하지 못하고 저항했다. 큰 덩치만큼이나 힘도 셌다. 이런 사람이 마음먹고 덤비면 서로 다치지 않고 이동하기가 어렵다. 요란한 소동 끝에 자정이 다 되어서야 보호실에 들여보낼 수 있었다. 멀리서 제야의 종소리가 들려왔다.

간신히 보호실로 들어갔다 싶었을 때, 그 남성이 이번에는 갑자기 벽에 머리를 박기 시작했다. 이마에 피가 흐르고 있었다. 어쩔 수 없이 다시 자물쇠를 열고 보호실로 들어가 소독을 했다. 조금 전까지 화가 나서 날뛰던 사람이 이번에는 갑자기 눈물을 글썽이며 훌쩍훌쩍 울기 시작했다. 뭐가 뭔지 모르겠지만, 어쨌든 감정 기복이 극심하다고밖에 말할 수 없다. 그 남성의 눈물과 콧물이 내 흰 가운에 흠뻑 뱄다. 지혈하며 눈물을 훔쳐주며 달래는 사이 이윽고 진정이 됐다. 그 사이에도 제야의 종소리는 계속 울리고 있었다. 손목시계는 마침 0시를 가리키고 있다. 그렇게 보호실에서 피와 눈물과 콧물을 흘리며 오열하는 남성을 돌보면서 새해를 맞았다. 잠시 같이 있는 동안 그가 완전히 안정을 되찾았기 때문에 나는 보호실을 나서 의국으로 돌아왔다. 완전히 지쳤다. 섣달 그믐날에 병원에서 당직을 섰던 적은 몇 번 있었지만, 보호실에서 제야의 종소리를 들으며 눈물을 펑펑 쏟는 덩치가 산만 한 남성을 보살폈던 건 이때뿐이다. 잊을 수 없는 섣달 그믐날이었다.

그런데 그 남성은 왜 섣달 그믐날에 보호실에 들어갈 만큼 흥분했고, 또 보호실에서는 갑자기 울었을까. 이 남성은 정신과 진찰을 받고 싶어 한 적이 없었고, 어떤 정신질환을 앓고 있는 것도 아니다. 다만, 성격이 급하고, 잘 흥분하고, 기분이 이랬다저랬다 바뀌는 변덕스러운 사람이었다. 어릴 때부터 싸움이 끊이지 않았고, 공부도 잘하지 못해서 학교에 적응하지 못했다. 일도 오래 하지 못했고, 상해사건으로 몇 번인가 경찰 신세를 진 끝에 이번에는 기소되어 구치소에 들어왔다고 했다. 아마 새해가 밝으면 유죄 판결이 나와 교도소로 이송될 거라고 들었다. 이미 여러 번 경찰서를 들락날락했어도 교도소에 가는 것은 처음이어서 그에 대한 불안감도 있었을지 모른다. 특별히 흉악한 사람은 아니지만, 이런 사람이 이웃으로 있으면 불안할 수도 있겠다. 교도소는 이런 사람들이 머무는 마지막 정착지 중 하나일지 모른다.

구치소에서 근무하던 시절, 이런 말도 안 되는 일이 있어도 되나 하는 생각을 마음속으로 해본 적이 있다. 60대쯤으로 보이는 남성이 계속 보호실에 격리되어 있었다. 그렇기는 해도 구치소나 교도소의 수감자는 대개 실제 나이보다 많이 늙어 보이므로, 사실은 40대였을지도 모른다. 말을 할 때는 조리 없이 횡설수설해서 기본적인 대화조차 안 됐다. 게다가 가끔 어딘가 흥분한 모습으로 고함을 질렀다. 문 너머로 말을 걸어도 반응조차 하지 않았다. 이런 상태가 벌써 몇 달이나 이어지고 있다고 했다. 중증 조현병인지, 치매인지, 아니면 다른 병인지, 어쨌거나 분명 정상적인 상태는 아니었다. 식사는 잘하고 있다고 했고, 낯빛도 나쁘지 않았다. 그러나 벌써 몇 달이나 좁은 방에서 나오지 않았고, 목욕도 하지 않는다고 했다. 오히려 가끔 자신의 똥을 벽에 바르고 오줌을 내갈기곤 했다. 교도관들은 이를 청소해야 하니 여간 힘든 게 아니다.

사정을 들어보니 이 남성은 상해사건으로 기소되어 구치소에 와 있는데, 의사소통할 수 없을 정도로 흥분 상태가 지속되어 재판이 불가능하기 때문에 쭉 구치소에 있는 거라고 했다. 변호사는 어쩌고 있느냐고 묻자 "글쎄요, 아마 국선일걸요, 의욕도 없지 않을까요?"라고 했다. 하지만 설령 변호사가 의욕이 있다 해도, 애초에 이런 상태로는 이 남성이 변호사와 접견할 장소까지 가기도 어려운 상태라 변호사로서도 변호할 방법이 없었을지 모른다.

예전에 근무했던 정신병원에서 급성기 환자를 그런대로 진찰해왔는데, 내 경험에 비춰보면 이 남성의 착란 정도는 대단히 심각했다. 이런 사람이 왜 기소되어 구치소에 있는가, 아니면 구치소에 있기 때문에 더더욱 상태가 나빠졌는가. 어느 쪽이든 재판이 시작될 전망은 보이지 않고 이 생활이 이어지는 것이 몹시 불합리하게 느껴졌다. 이런 일이 정신병원에서 벌어졌다면, 정신과 의사가 간호사 몇 명과 함께 보호실에 들어가 설득을 하고, 그래도 약을 먹지 않는다면 항정신병제 주사를 놓을 것이다. 이런 식의 강제 치료가 결코 바람직하진 않지만, 이 정도로 정신착란에 빠져 대소변으로 바닥을 흥건하게 만들고, 때로는 벽에 머리를 부딪쳐 자해하는 상태를 오래도록 방치하는 일은 보통 있을 수 없다. 하지만 교정시설은 형의 집행 혹은 재판의 원활한 진

교도소의 정신과 의사

행을 위한 시설이지 수감자들의 치료를 위한 곳이 아니다. 따라서 의사는 본인의 동의를 얻지 않고 강제 치료를 할 권한이 없다. 더욱이 이 수감자의 경우, 보호자의 연락처도 모르기 때문에 가족의 동의를 얻을 방법도 없다. 또 당시 내가 근무하고 있던 구치소는 상당히 규모가 크고, 의료진이 잘 갖추어져 있기는 해도, 야간에는 일손이 부족했던 건 부정할 수 없다. 그러한 의료 환경 속에서 가능성이 높지 않다 해도 강한 부작용이 생길 수 있는 항정신병제 주사를 맞히는 것은 의사로서 주저되는 측면도 있었다. 결과적으로 나는 아무것도 하지 못하고 이 남성이 보호실에서 착란 상태에 빠져 있는 것을 지켜볼 수밖에 없었다.

이 남성은 재판을 감당할 수 없다. 즉 소송 능력이 부족해서 재판을 계속하는 것이 불가능해 보였다. 따라서 검사가 기소를 취하하는 수밖에 없다. 하지만 검사는 일단 구치소로 보낸 피의자의 상태를 자세히 알 길이 없다. 여기에 문제의 뿌리가 있다. 이 남성의 권리를 대변해야 할 사람이 변호사임에도 그가 변호사로서 역할을 다하고 있는지는 의문이었다. 가족이 있다면 얘기가 달라졌을지 모르지만, 아마 이 남성은 노숙자로 가족은 없었던 듯하다. 구치소의 역할은 어디까지나 재판의 원활한 진행을 위해 신병을 확보하는 것이고, 검사에게 어떤 의견을 낼 입장은 아니었다. 의사들도 마찬가지다. 결코 누군가가 업무를 게을리한 것은 아니었지만, 이 남성은 사회 속에서 공중에 뜬 상태가 되어 누구의 관심에서도 벗어나 있었다고 생각한다. 그로부터 꽤 시간이 흘렀지만, 지금도 나는 이 남성을 잊을 수가 없다.

구치소는 미결수를 수용하는 시설이지만, 형이 확정됐는데도 구치소에 있는 사람들이 있다. 사형은 사형되는 것이 형의 집행이므로, 교도소에서는 행해지지 않는다. 사형은 구치소에서 집행된다.[*] 내가 근무하던 구치소에도 사형수가 있었다.

　사형 집행은 사형 판결이 나온 뒤 곧바로 집행되는 것이 아니다. 상당히 개인차가 있다. 이 개인차가 어디에서 생겨나는지에 대해서는 내가 아는 바로는 명확하게 설명되어 있지 않다. 이케다초등학교 사건의 다쿠마 마모루라는 사형수처럼 사형 선고 후 즉시 형이 집행된 사례가 있는가 하면[†], 일부 사형수처럼 수십 년이 지나도 형이 집행되지 않고 구치소 안에서 혹은 외부 의료기관이나 의료교도소로 보내져 병사하는 사례도 있다.

　나는 몇 명의 사형수를 진찰했다. 어떤 사형수는 주위에

---

[*]　한국의 경우 사형 집행 시설은 서울구치소, 부산구치소, 대구교도소, 대전교도소 등 4곳에 설치되어 있다.

[†]　2001년 오사카부 이케다시 오사카교육대학 부속 이케다초등학교에서 일어난 무차별 살인 사건이다. 피고인 다쿠마 마모루는 2003년 재판에서 사형을 선고 받고 2004년 형이 집행됐다.

서 말을 걸어도 거의 대답하지 않았다. 이따금 작은 소리로 혼잣말을 했다. 제공되는 식사는 남김없이 먹었다. 목욕을 거부했기 때문에 고약한 냄새가 났다. 나이를 생각하면 치매 가능성은 적다고 봤지만, 이것이 조현병 증상인지, 아니면 구금반응인지, 사형 선고를 받고 절망과 공포에 휩싸인 나머지 심리적으로 반응하고 있는 것인지 종잡을 수가 없었다. 교도관 중에는 "저건 꾀병이에요"라며 단언하는 사람도 있었다. 이 사람이 형 집행을 통보받으면 어떻게 반응할지 생각해보았다. 이성을 잃고 난동을 부릴지, 아니면 아무런 반응 없이 예전과 다름없이 행동할지 말이다. 한편으로 정신적으로 안정된 것처럼 보이는 사형수도 있었다. 이러한 사형수는 정신과 의사에게 진찰을 받으러 오는 경우가 없어 일상적으로 접점은 없었지만, 우연히 내가 당직으로 근무하는 날 감기 증상으로 나를 찾아온 적이 있었다. 얌전한 청년이었다. "그 청년은 항상 그래요." 교도관 중 한 사람이 말했다. 같은 사형수라는 입장이라도 이 정도의 차이가 어째서 생기는지 모르겠다. 혹은 타고난 기질이 다를지도 모른다.

나는 사형제도에 반대한다. 뻔한 말이지만, 어떤 이유에서든 누군가가 (국가가) 누군가를 (국민을) 죽이는 일을 정당화할 수 없다고 생각하기 때문이다. 또 오판이나 누명의 가능성도 부정할 수 없다. 또한 인도적 문제뿐만 아니라 사형의 범죄 억제 효과에 의문을 제기하는 연구 결과도 많다. 그만큼 사형제 자체를 폐지하는 나라가 세계적으로 늘고 있는 추세다. 일본에서 살인 사건이 적은 이유는 사형제도가 있기 때문이라는 취지의 말을 들은 적이 있는데, 사형제도가 있어도 살인 사건이 빈번한 나라도 적지 않다. 제2차 세계대전 후 줄곧 일본의 사형제도는 바뀌지 않았는데, 살인 사건이 점차 줄고 있다는 사실은 사형제도의 유무만으로 살인 사건 건수가 결정되는 것이 아님을 보여준다. 또한 현실로 눈을 돌리면, 지원자나 지원단체가 있는 사형수는 대부분 사형이 집행되기 어렵고, 무명의 사형수일수록 집행되기 쉬운 현실에도 불합리함을 느끼고 있다.

서구의 대다수 국가가 사형제도를 폐지하고 있는데, 일본에서는 사형이 폐지될 것 같지 않다. 여러 설문 조사 결과를 보면 국민 대다수가 사형 존속을 지지하고 있음을 알 수 있다. 교통사고 가해자도 포함해서, 의도적이든 과실이든 상관없이 결과적으로 가해자가 된 사람은 엄벌에 처할 것을 국민 다수가 지지하고 있다는 뜻이다.

형벌을 둘러싸고 지난 수십 년 동안 생긴 큰 변화 중 하나는 피해자의 발언권이 늘어났다는 점이다. 여기에 이견을 달 사람은 없을 것이다. 돌이켜보면, 그동안 피해자는 아무런 발언권을 갖지 못했던 게 오히려 이상한 일이었다. 피해자의 입장에서 보면 엄벌은 당연하고, 사형 폐지론자들은 가해자의 인권만 중시한다는 의견이 있다. 확실히 한 개인이 큰 피해를 입었을 경우, 당사자나 가족이 가해자에게 극형을 요구하는 것은 어찌 보면 당연하다. 그것에 이의를 제기할 생각은 없다. 나도 피해자의 입장이라면 그럴 수 있다. 그러나 당사자도 가족도 아닌 대다수 국민이 언론 보도나 인터넷에 떠도는 정보에만 의지해 피해자와 자신을 동일시하며 극형을 요구하는 것은 이성적인 반응이라고는 볼 수 없다. 청소년 중범죄 변호를 맡은 변호인이 거센 공격에 시달리는 모습을 보면, 적정한 사법제도가 파괴될 위기감마저 느낀다.

우리는 언제 범죄의 피해자가 될지 모른다. 피해자의 아픔과 고뇌는 남의 일이 아니다. 하지만 한편으로는 가해자나 그 가족이 될 가능성도 부정할 수 없다. 이 역시 마찬가지로 남의 일이 아니라고 나는 생각한다.

사형이 선고되는 범죄는 주로 살인죄다. 일본의 살인 사건 건수는 해마다 줄고 있다. 살인뿐만 아니라 일반 조직 폭력범, 흉악범도 감소하고 있다. 소년 범죄 또한 감소 추세가 이어지고 있어, 청소년 수감자 수 역시 줄고 있기 때문에 소년원은 통폐합되고 있다. 그러나 이른바 체감치안은 악화일로를 걷고 있는 듯하다. 그래서인지 거리는 밤에도 가로등 불빛으로 점점 밝아지고 곳곳에 설치된 CCTV로 빼곡하다. CCTV가 거리 곳곳에 있는 것은 좋은 일만은 아닌 듯하지만, 국민의 치안 불안이 그만큼 크다는 뜻이 아닐까 싶다.

사형제도를 폐지할지 존속할지는 최종적으로는 국민이 결정할 일이다. 사형제도의 존속 여부는 매우 중대한 문제이며, 충분한 정보를 바탕으로 냉정한 논의가 전제되어야 한다. 신문이나 TV 등 언론의 보도를 보고 있자면, 잔혹한 사건은 연일 터지고 있고 소년들은 흉악해지고 있다고밖에 생각되지 않는다. 국민 대다수는 이런 보도 때문에 불안감이 더해지고 있다. 범죄 피해를 입을 위험은 늘 있기 마련이다. 꼼꼼하게 대책을 마련한다 해도 위험을 완전히 없앨 수는 없다. 물론 막을 수 있는 범죄는 예방해야겠지만, 현재 상황은 적절한 정보 제공에 근거한 냉정한 논의가 부족하다는 생각을 떨칠 수가 없다.

하지만 사형을 폐지하고, 평생을 사회로부터 격리시키는 종신형을 선고하면 모든 문제가 해결되느냐 하면, 그 또한 그리 간단한 문제는 아니다. 구치소에서 근무하던 시절, 출소 가능성이 전혀 없는 수감자들을 관리하는 데 많은 어려움이 있다는 이야기를 한 교도관으로부터 들을 적 있다. 석방될 가능성이 없는 사람을 관리하는 일은 대단히 힘든 일이다. 나는 그 교도관의 이야기를 들으며, 수감자에 대한 형벌은 매일 수감자의 생활 전반을 돌보고 있는 교도관들의 노고에 의해 뒷받침되고 있다는 사실을 잊어서는 안 되겠다고 생각했다. 무슨 일이든 그리 단순하지 않다.

교도소의 정신과 의사

정신감정은 정신의학의 꽃인가

한 정신병원에서 근무하고 있었을 때, 자신의 아이를 학대하다 죽인 환자의 담당의사가 된 적이 있다. 우울증으로 휴직하고 집에서 요양 중인 환자였다. 그는 배우자가 일하러 나가면 낮 동안은 혼자 아이를 돌보았는데, 젖먹이를 던지고 굴리며 장난을 치다 결국 아이를 사망에까지 이르게 한 참담한 사건이었다. 아직 아동 학대가 크게 사회적 관심을 받지 못하던 시절의 일이다.

이 환자는 우울증으로 휴직 중이었기도 해서, 체포되어 구류 중에 정신감정을 받았다. 감정의는 '격정성 우울증*'으로 진단하고 정상적 판단 능력이 결여되어 있다고 판단을

---

* 심한 절망이나 사소한 일들에 대한 극도의 후회, 불안, 초조 등의 증상이 나타난다.

내렸다. 검사는 이 의견을 받아들였고, 환자는 기소되지 않아 재판에 넘겨지지 않았다. 심신상실 상태로 책임능력이 없다고 인정되어 형벌을 받는 대신 정신병원에서 치료를 받기 위해 조치입원이 됐다. 그가 입원한 병원에서 일하고 있었던 나는 우연히 그의 담당의사가 됐다.

정신감정은 보통 수 주에서 길게는 반년 정도가 걸린다. 때에 따라서는 여러 가지 정신감정을 실시하는 경우가 있어 1년이 넘게 걸리는 경우도 있다. 내가 그 환자를 만난 것은 사건이 일어난 뒤 적게 잡아도 몇 달은 지나서였던 것 같다. 입원했을 때 환자는 이미 정신적으로 진정되어 있어 우울증으로 보일 만한 증상은 거의 없었다. 입원 전에 수용되어 있던 시설(구치소나 병원 중 하나)에서는 투약 조치가 거의 없었다. 앞에서도 말했지만, 조치입원의 요건으로 '자해 또는 타해의 우려'가 있는데, 입원한 시점에는 이 환자에게 이 두 가지 중 어느 쪽의 우려도 없는 것처럼 보였다. 살인을 저질러 조치입원이 된 경우이기도 해서 처음에는 폐쇄병동에서 치료를 시작했지만, 얼마 안 가 개방병동으로 옮겨졌고 병원 밖으로 외출도 하게 됐다. 환자는 자신이 처한 상황을 그 나름대로 이해하고 있었고, 병원에서 도망칠 가능성은 없어 보였다. 이윽고 환자는 자신의 병이 이미 다 나았으니 퇴원해 가족과 살고 싶다고 말했다. 이는 당연한 바람이었을지 모른다. 환자는 불기소 처분을 받아 사실상 무죄이고, 병의 증상도 없어 어딘가에 강제로 갇혀 있을 이유가 없었다.

한편, 이 역시 당연하지만 가족은 그가 돌아오는 것을 거부했다. 자신의 아이가 죽임을 당한 배우자는 환자를 원망하고 있었고, 결혼 생활을 유지할 의사가 없음을 단호히 밝혔다. 부부간에 때로는 담당의사인 나도 껴서 여러 차례 의논을 했지만, 대화는 늘 평행선을 달렸다. 결국 환자는 퇴원해 자신의 부모 곁으로 돌아갔다. 그 이후로 외래 진료를 받으러 오는 일도 없었기 때문에 나는 이 환자가 이혼은 했는지 어찌 사는지는 전혀 모른다.

일본의 형법은 이른바 책임주의를 취하고 있어 법에 저촉되는 행위를 한 시점에서 선악을 가릴 수 없거나 충동을 제어할 능력이 없는 경우, 그 행위의 법적 책임을 묻지 않게 되어 있다(형법 제39조). 이러한 상태를 '심신상실'이라고 하며, 형사 책임을 묻지 못하는 '책임무능력'으로 간주한다. 조현병의 환각망상 상태에서 명령환청에 따라 누군가를 다치게 한 경우나 치매 환자가 자신을 돌봐주는 사람에게 폭력을 휘두르는 경우 등이 흔한 예이다. 그다지 현저하지는 않지만, 시비선악의 판단 능력이나 충동 제어 능력이 떨어져 있는 경우 '심신미약'이라고 하며 한정책임능력으로 보아 감형 대상이 된다. 이러한 정신상태를 평가하는 것이 정신감정이며, 일반적으로 정신과 의사가 위촉을 받는다.

정신감정은 '범행 시점'의 정신상태를 평가하는 것이다. 따라서 사건 발생 후 몇 개월이 지난 환자에게 정신증상이 없다고 해서, 이 정신감정이 부적절했다고는 볼 수 없다. 다만, 환자에게 별다른 증상이 없었기 때문에, 나는 큰마음 먹고 감정의사에게 정신감정서를 읽어보고 싶다고 편지를 썼다. 감정의사는 "치료에 도움이 된다면야"라며 응해주었다. 성실한 대응이라고 느꼈다.

그가 보내온 정신감정서의 내용은 훌륭했다. 환자가 격정성 우울증을 앓고 있고, 그 때문에 아이를 죽음에 이르게 하기까지의 경과가 설득력 있게 기재되어 있었다. 확실히 아무런 반사회적 성향이 없었던 사람이 아이를 학대해 죽게 만든 것은 특정 정신질환과 관련이 있다고 보는 편이 타당할 터다. 그러나 사건이 있고 몇 달이 지났다고는 해도, 정신증상은 거의 보이지 않았고 죄책감도 거의 없는 것처럼 느껴졌다. 아무 일도 없었다는 듯 하루빨리 원래의 일상으로 돌아가고 싶다고 호소하는 환자를 대하다 보면 정말로 '심신상실—책임무능력—(사실상)무죄'로 괜찮은가 하는 의문이 들 수밖에 없었던 것도 사실이다. 담당의사인 나의 역할은 환자를 치료하고 사회에 복귀시키는 일인 줄 알면서도 어딘가 석연치 않은 감정은 좀처럼 사그라지지 않았다.

정신감정을 위해 구치소로 옮겨지는 사람들도 있다. 형사 사건에서 책임 능력의 유무를 전문가가 판단하기 위해 면담과 심리검사를 한다. 일반적으로 정식 정신감정에는 최소 몇 달이 필요하기 때문에, 경찰서 유치장에 수감된 상태로 감정을 하기는 어렵다. 정신병원에 입원한 상태에서 감정을 받는 경우도 있지만, 도주 위험 등의 이유로 구치소에 감정유치되는 경우도 적지 않다. 따라서 구치소에는 기소되기 전에 감정유치된 사람과, 기소된 상태에서 재판이 시작되어 재판 과정에서 정신감정을 받는 사람이 있다. 정신감정 결과에 따라 아예 기소조차 되지 않을 수도 있고, 정신증상의 영향을 전혀 인정받지 못하고 책임능력자로 간주될 수도 있다. 정신감정을 받고 있는 경우, 대개 범행의 사실관계는 다투지 않으므로 정신상태의 평가가 형벌의 무게로 직결된다. 뚜렷한 정신착란 상태를 보이며 무엇이 자신에게 유리한지 불리한지 아예 판단하지 못하는 사람을 제외하면, 정신감정 결과가 자신에게 유리하기를 바라는 게 인지상정이다.

구치소에서 정신감정을 받고 있는 사람 중에는 정신적 혼란 상태가 뚜렷해보여, 아무래도 형사책임능력을 묻기 어려워보이는 사람도 있었다. 다만, 정신감정은 어디까지나 사건 당시의 정신상태를 평가하기 때문에, 구치소 구금 당시에 매우 건강하다 해도 심신상실, 심신미약으로 인정될 수 있고, 반대로 구치소에서 착란 상태를 보여도 책임능력이 있다는 감정이 나올 수 있다. 사건 당시의 정신상태를 진단해야 하지만, 피의자의 현상태가 판단에 영향을 주지 않는다 하면 그건 거짓말이다. 가령 사건 당시 조현병이나 양극성 장애 가능성을 염두에 두고 있는데, 면담 시에도 극도의 혼란 상태를 보인다면 사건 발생 당신에도 혼란 상태였을 가능성이 높다고 판단하게 된다.

구치소에서 근무하고 있었을 때, 인상에 남은 여성 수감자가 있었다. 어떤 혐의로 구류 또는 기소됐는지 잊었지만 점잖은 느낌의 중년 여성이었다. 정신질환이 있는 것처럼 보이지는 않았는데, 정신감정을 받는 중이었다. 어느 날 교도관이 그 여성과 관련해서 상담 요청을 해왔다. 그가 가끔 착란에 빠지는 상황을 어떻게 해줄 수 없겠느냐는 거였다. 평소에는 구치소의 규칙에 따라 차분하고 점잖게 생활하는 사람이 이따금 바락바락 악을 쓰고, 고함을 지르고, 벽을 치기도 한다는 거였다. 교도관들이 보기에 그런 상황은 정신감정 면담이 있기 전 며칠 동안에만 벌어지는 일이다. 면담 전날 밤이나 당일은 특히 심한데, 일부러 그러는 거라고밖에 볼 수 없다고 하소연했다. "정신감정이 끝나면 아무렇지도 않다는 듯이 차분해지거든요. 정말 화가 납니다." 교도관은 말했다. 그런 일이 있을 수 있을까 싶었지만 어쨌든 한번 만나서 무슨 말이라도 해달라기에 면담을 했다. "가끔 주체할 수 없이 화가 나는 것 같던데요? 뭔가 부담스러운 게 있나요?" 나는 가능한 한 온화하게, 그러나 솔직하게 물어보았다. 여성은 신중하게 말을 하나하나 골라 대답했다. "그렇게들 말하는데 저는 아무것도 기억나지 않아요." 이 말을 있는 그대로 받아들인다면 이 여성은 해리 상태에 있으며, 그 때문에 기억이 없는 것이다. 해리는 심한 공포나 불안을 느낄 때 나타나는 현상으로, 현실을 그대로 받아들이지 못하기 때문에 일어난다고 알려져 있다. 말하자면 무의식적으로 일어나는 반응으로, 대개 본래 모습으로 돌아오면 이전 상황을 기억하지 못한다. "분명히 일부러 그러는 겁니다." 교도관은 주장했다. 만약 일부러 하는 행동이라면 꾀병이다. 꾀병은 의도적이고 의식적으로 병을 앓은 체해서 어떤 이익을 얻으려는 것(질병이득)이 목적이다. 이 경우 정신감정을 통해 정신질환을 앓고 있다는 진단을 받아 무죄 혹은 감형을 얻어내는 게 목적이다. 이처럼 해리와 꾀병은 본질적으로 성격이 다르지만, 의사가 아닌 한 이 둘을 구별하기 어려운 경우가 있다.

"정신감정에서 평가하는 건 사건 당시의 정신상태이니 지금 아픈 척해도 아무 의미가 없지 않을까요?" 내가 묻자 교도관은 이렇게 대꾸했다. "그렇지만 당장 눈앞에서 착란을 일으키면 의사는 사건 당시에도 착란 상태였을 가능성이 높다고 생각하겠지요?" 하기야 흐트러짐 없이 침착한 모습보다 사건 후 몇 달이 지나도 착란을 일으키는 모습을 본다면 판단 능력이나 충동 제어 능력이 손상되어 있다고 생각하기 쉬울지 모른다. "정말 정신감정 같은 건 별 의미가 없어요. 의사를 속이는 건 식은 죽 먹기잖아요." 그 교도관은 의사인 나를 앞에 두고 울분을 토하듯 말했다. 매일 내가 진찰할 때 옆에서 돕다가 그렇게 느끼게 됐는지는 모르겠지만, 어쨌든 정신감정에 대해서는 단단히 화가 났는지 분이 안 풀린다는 듯 계속 씩씩댔다. 정신감정을 받기 전에 너무 긴장을 해서 평정심을 잃는 건 아닐까요? 감정할 때만 착란을 일으키는 척해도 될 텐데 며칠 전부터 그러는 건 좀 이상하잖아요?" 내가 물었다. "감정 때만 그러기엔 자기도 겸연쩍겠지요." 교도관도 지지 않고 답했다. 정신감정 면담이 언제 있을지 본인은 모르기 때문이기도 하겠지만, "갑자기 불려 나가게 됐을 때는 감정을 받으러 가는 복도에서 착란이 시작되거든요"라는 거였다. 교도관의 확신은 너무나 확고해서 무슨 말을 해도 흔들리지 않았다. "우리한테 물어보면 진짜 모습을 알려줄 텐데 말입니다. 이만큼 극단적인 상태는 드물지만, 대개 정신감정을 받으러 오면 크건 작건 간에 연기를 하거든요." 교도관은 말했다. 그럴 수도 있겠다고 나는 생각했다. 그러한 행동들이 모두 연기라고 할 수는 없겠지만, 자신에게 유리한 감정 결과를 얻고 싶어 하는 것은 자연스러운 감정이다.

하지만 감정의사가 교도관에게서 정보를 얻는 일은 현실적으로는 꽤 어렵다. 교도관의 일은 정신감정을 위해 정보를 제공하는 것이 아니며, 교도관이 제공하는 정보에 편견이 없다는 보장도 없다. 그럼에도 "한 달에 한두 번 와서 몇 마디 나눠보고 뭘 알겠습니까? 우리는 24시간 같이 있다고요"라는 말에는 반론하기 어렵다. 이는 병원에서 근무하던 시절, 치료 방침을 두고 논란이 일었을 때 병동에서 일하는 간호사들이 하던 말과 똑같다. 간호사들의 생각과 다른 지시를 내리면 늘 말했다. "우리는 환자와 줄곧 같이 있어요. 선생님은 가끔 와서 잠깐 면담하는 게 다잖아요." 동일한 구조다.

며칠 후 복도를 걸어가다 그 여성과 스쳐 지나갔다. 평소와 달리 머리가 유난히 헝클어져 있고 얼굴에는 운 흔적이 남아 있었다. 나와 눈이 마주치자, 기분 탓인지 겸연쩍고 부끄러운 듯한 표정으로 시선을 돌렸다. 나중에 정신감정 면담을 마치고 자기 방으로 돌아가는 길이었음을 알게 됐다. 그 여성이 그 후 어떤 경과를 거쳤는지는 모른다. 정신감정이란 말을 들으면 왠지 생각나는 여성이다.

이와 정반대의 경험도 했다. 의료교도소에서 근무하던 때였는데, 젊은 수감자가 일반 교도소에서 이감되어왔다. 명백한 조현병 환자였다. 그는 상해죄로 수감됐다. 지적 능력도 낮아 보였는데, 지능검사를 할 수 있는 정신상태도 아니었다. 일반 교도소에서 보내온 기록을 바탕으로 생활사와 병력을 확인했다. 중학교 때부터 거의 학교에 가지 않았고, 고등학교 입학은 했지만 곧 그만뒀다. 그 후 자기 방에 틀어박혀 지내며 사회생활은 일절 하지 않았다. 고등학생 때 부모 손에 이끌려 정신과 진료를 받고 조현병 진단을 받았는데, 통원 치료는 하고 있지 않았다. 줄곧 부모와 함께 살았는데 부모도 나이가 들자 생활이 어려워졌는지, 그는 절도로 몇 차례 체포되었고 과거에도 한 번 교도소에 복역한 적이 있었다. 이번에는 슈퍼마켓에서 물건을 훔치려다 점원에게 들켜 옥신각신하다 점원을 다치게 해서 상해사건으로 기소됐다. 환각을 경험하는 듯했고 대체로 피해망상에 사로잡혀 있는 등 조현병 양성 증상*을 보였다. 그러나 더 두드러지는 것은 의욕 저하나 감정 둔마†와 같은 음성 증상‡이었으며, 확인된 병력도 그렇지만 발병 후 상당한 시간이 경과한 것으로 보였다.

그가 정신감정을 받았는지 어떤지, 본인에게서 이것저것 확인하고 서류도 찾아보았지만, 아무래도 정신감정을 받아본 적은 없는 듯했다. 흔한 상해사건이었기 때문인지 변호사가 열심히 변호를 하지 않았기 때문인지 모르겠지만, 사

* 일반 사람들에게는 없는, 조현병 환자들에게만 나타나는 증상을 말한다.
† 감정이 둔해져 일반적으로 사람이 느끼는 기쁨, 슬픔, 분노 같은 반응이 일어나지 않게 되는 상태를 말한다.
‡ 양성 증상과는 반대로, 일반사람들에게는 있지만 조현병을 가진 사람에게는 나타나지 않는 증상을 말한다.

건 당시 이미 중증 조현병 환자였으리라고 추정되는데, 아무리 생각해도 이 수감자에게 책임능력을 물을 수 있을 것 같지 않았다. 판결문을 읽어보면 자신의 행위를 반성하라는 취지의 내용이 적혀 있었지만, 반성이라는 행위 자체가 어려워 보였다. 자신이 어디에 있는지조차 잘 모르는 듯했고, 종종 이곳에 있고 싶지 않다며 갑자기 뛰쳐나가기도 했다. 교도관들 중에는 도주를 시도했다며 징벌을 내려야 한다고 주장하는 사람도 있었다. 그러나 교도관들이 주변에 있는데도 아무 계획도 없이 갑자기 뛰쳐나간 것이어서 처음부터 도주에 성공할 가능성은 아예 없었다. 나로서는 이 정도의 중증 환자를 교정시설에 수용하는 것은 별 의미가 없다는 생각밖에 들지 않았다. 이런 환자야말로 책임무능력자로서 사법 처리를 할 게 아니라 적절한 의료 환경에서 치료해야 한다고 생각했다.

비슷한 예는 얼마든지 들 수 있다. 상해사건으로 수용되어 있던 어느 조현병 환자는 극심한 환청에 시달리고 있었다. 어떤 행동을 취하도록 지시하는 명령환청이 있어, 상해사건도 환청을 듣고 이를 실행하다 벌어진 일 같았다. 거짓말을 하는 것처럼 보이지는 않았다. 환자는 치료에 적극적이어서 항정신병제를 정해진 대로 복용했고, 나아가 본인의 동의를 얻어 전기경련요법까지 사용했지만 환청의 강도와 내용에 변화가 없었다. 이 환자는 음성 증상은 두드러지지 않았지만, 무엇보다 환청이 강했고 그 때문에 종종 얼굴을 찡그리고 있었다. 이 환자 역시 정신감정을 받지 않았다.

돈만 있으면 귀신도 부릴 수 있다지만, 소송 사건도 그런 측면이 있다고 생각하지 않을 수 없었다. 유능한, 혹은 피의자의 정신상태에 제대로 관심을 기울이는 변호사라면 정신감정을 받을 기회가 얼마든지 있었을 것이다. 의욕 없는 국선 변호사는 그마저도 하지 않겠지만 말이다. 또한 언론을 떠들썩하게 만든 사건이라면 검사도 정신감정 실시 명령을 내렸겠지만, '흔한 사건'이라면 수고가 들고 비용도 드는 정신감정은 생략되기 쉽다.

그러나 일본의 형법 제39조를 제대로 운용하려면, 범죄의 경중을 따지기 이전에 피의자의 정신상태에 대한 평가가 먼저 시행되어야 한다. 조금 더 공평한 운용이 이뤄져야 한다는 것을 절실히 느낀다.

내가 가장 존경하는 정신과 의사 가사하라 요미시笠原嘉* 선생이 한 저서에서 "정신감정과 병적학病跡學†은 정신의학의 꽃이다"라고 했다. 나는 젊은 시절 이 글을 접하고, 가사하라 선생이 정신의학의 응용편쯤으로 낮게 평가해 안이하게 접

---

* 일본의 정신의학 분야의 대가로 꼽히는 정신의학자이다.
† 예술가나 사상가, 과학자 등 뛰어난 인물의 전기나 작품을 정신의학적으로 해석하여 그 사람의 정신적 이상성과 창조 활동의 관계를 연구하는 학문을 말한다.

근해선 안 될 가치 있는 연구로서 정신감정과 병적학에 경의를 표하고 있다고 받아들였다. 그리고 나도 언젠가 까다로운 정신감정서를 써보고 싶다, 병적학적으로 접근한 글을 써보고 싶다, 쓸 수 있는 시기가 올까 등등 선망에 가까운 감정을 품고 있었다. 그런데 어느 학회에서 임상심리학자 가와이 하야오河合隼雄* 선생이 가사하라 선생의 이 말을 언급하며 "가사하라 선생님은 비꼬는 농담도 수준급인 분이니까요. 선생님이 말씀하신 꽃은 꽃이라도 열매를 맺지 않는 수꽃이라는 뜻일지 모르지요"라고 말하는 것을 듣고 깜짝 놀랐다. 그러다가 결국 맞는 말이라는 생각이 들었다. 옛 제국대학 의학부 정신과 주임교수라는 직위에 있으면서 임상적 관점에서 연구와 교육에 주력한 가사하라 선생이 보기에는 정신감정이나 병적학은 어딘가 공허하고 실체가 없는 것으로 느껴졌을지 모른다. 가사하라 선생 정도의 위치라면 중대 사건의 정신감정을 여러 번 맡았을 게 분명한데, 나는 가사하라 선생이 정신감정에 관해 이야기하는 것을 들은 적이 없다. 또 그토록 문학과 철학에 조예가 깊은 가사하라 선생이 병적학에 관심이 없을 리 없겠지만, 그와 관련한 논문이 없다는 건 무언가 생각하는 바가 있었기 때문일 것이다. 하지만 가사하라 선생이나 가와이 선생이 같은 교토 사람들의 다소

---

* 일본에 최초로 융 심리학을 소개하고 발전시켜 일본 융 심리학의 제1인자로 불린다.

비꼬는 듯한 냉소적인 면을 후쿠오카에서 자라 대학 시절부터 줄곧 도쿄를 떠나 본 적이 없는 나는 끝끝내 이해할 수 없었다. 나는 가사하라 선생과 각별한 사이였던 후지나와 아키라藤繩昭* 선생에게 직접 지도를 받을 기회가 있었는데, 후지나와 선생에게도 칭찬하는 건지 깎아내리는 건지 알기 어려운 교토식 화법을 가끔 접했던 기억이 난다.

그건 그렇고, 가와이 하야오 선생의 강연을 듣고 나서 한참 시간이 흘렀을 무렵 어느 연구회인가, 학회인가의 파티에서 가사하라 선생과 잠시 이야기를 나눌 기회가 있었다. 나는 정신감정과 병적학에 관한 가사하라 선생의 글을 언급하며, 가와이 선생이 한 말을 전했다. "수꽃이라는 뜻이었습니까?" 내가 묻자 가사하라 선생은 이렇게 답했다. "허어, 그런 글을 썼던가요?" 이런 촌스러운 질문은 안 하는 게 좋았다.

또 하나 내 기억에 남아 있는 정신감정에 관한 언급은 한 지인이 한 말이다. 꽤 오래전의 일이지만, 어느 잡지에서 교정의료를 주제로 사법정신의학 좌담회를 기획한 적이 있었다. 거기서 정신감정이 화제에 올랐을 때, 그 지인이 "정신감정은 재판의 액세서리 같은 존재입니다"라고 단언했다. 이 발언의 취지는 판결에서 반드시 정신감정이 존중된다고는 할 수 없고, 판사든 검사든 결국 자신의 판단을 우선한다

---

* 일본의 의학자이자 정신과 의사이다.

는 것이었다. 화려한 파티에 액세서리도 하지 않고 참석하는 건 매너에 어긋나는 일인 것과 마찬가지로, 정신장애가 의심되는 형사 사건에 정신감정은 필수 아이템이다. 따라서 정신감정은 재판을 장식하는 액세서리로써 필요한 것이지만, 어디까지나 액세서리일 뿐 그 이상은 아니다. 사법판단은 판사나 검사의 몫이고 정신과 의사는 정신의학적 평가를 할 뿐이다. 혹은 판사나 검사는 자신의 의견을 보강하기 위해 정신감정을 활용하는 데 불과하다. 사실 어느 학문 분야에서나 있는 일이지만, 이 의사에게 의견을 물으면 이런 판단이 내려진다는 예상하에 정신감정을 의뢰하는 일이 적지 않다. 어떤 정신과 의사는 대개 책임능력을 인정하는 감정서를 쓰고, 어떤 정신과 의사는 책임무능력 또는 한정책임능력으로 판정하는 감정서를 쓰는 경우가 많다. 전자의 정신과 의사는 검찰과 관계가 좋고, 후자의 정신과 의사는 형사 사건을 다루는 변호사와 사이가 가까워진다.

이 장을 시작하며 언급했듯이 정신병원에서 내가 상근의사로 근무한 기간은 그리 길지 않았지만, 살인을 저지르고 조치입원이 된 환자 몇 명을 담당했다. 대부분 조현병 환자였다. 개방병동에 조치입원한 환자들도 그렇지만 폐쇄병동의 환자들 역시 대체로 평온하게 지냈다. 이들 대부분은 그들을 돌봐줄 가족이 없었고, 그래서 환자 자신도 퇴원을 원하지 않았다. 이 환자들은 교도소에서보다 더 오랜 시간을 폐쇄적인 환경에서 지내게 됐다고도 할 수 있다. 교도소에는 형기가 있지만, 조치입원에는 기간이 정해져 있지 않고, 앞에서 언급한 자기 아이를 사망케 한 환자처럼 몇 달 만에 퇴원하는 사람이 있는가 하면, 평생 병원에서 지내는 사람도 있다. 내가 담당했던 환자 중 상당수는 조치입원이 된 후 이미 오랜 기간이 경과해 음성 증상만 남아 있기 때문에* 적어도 겉으로는 온화한 환자가 많았지만, 심한 흥분 상태를 보이는 사람도 적지 않았다. 어느 젊은 환자는 조치입원이 된 지 3년째에 접어들고 있었다. 자신의 부모를 살해하고 체포됐지만, 정신감정을 받고 심신상실로 인정되어 기소되지 않고 조치입원이 됐다. 증상은 심했지만 담당의사로서 나름대로 열심히 치료했고, 나와 환자의 관계, 즉 치료관계는 대체로 안정되어 있다고 생각했다. 그러다 어느 때부터 이상하게 내게 험악한 태도를 보이면서 대드는 일이 잦아졌다. 치료를 거부하는 기색도 강해져 복약을 거부하기도 했다. 증상이 악화된 이유를 알 수 없었는데, 시간을 들여 겨우 알아낸 사실은 이랬다. 정신감정을 받은 병원에 입원해 있을 때, 자신이 정신병원에 입원해야 한다는 설명을 들었다. "얼마나 입원해야 합니까?"라고 그가 물었더니 한 의사가 "3년

---

* 조현병은 발병 후 시간이 지나면서 양성 증상이 음성 증상으로 이행하는 경향이 매우 강하다.

정도면 퇴원할 수 있을 겁니다"라고 했단다. 그 3년이 지났
는데 담당의사인 나는 자신을 퇴원시켜 주지 않는다. 그게
나한테 화를 내는 이유였다. 그 환자는 내가 퇴원을 시켜주
지 않는 이유를 이것저것 생각하다가 내가 자기 부모님의
생명보험금을 챙기려는 건 아닌지, 약혼녀(어느 유명 여배우
였다)가 집에서 기다리고 있다는 말에 질투나서 내가 일부
러 퇴원을 안 시켜주고 방해하고 있는 건 아닌지 등의 망상
을 키우고 있다는 것을 알았다. 정신감정을 했던 병원의 의
사가 "3년 정도면 퇴원할 수 있을 겁니다"라는 말을 진심으
로 했다고는 생각하지 않는다. 단지 하나의 목표로서 3년
이라는 숫자를 든 게 아닐까 싶다. 나는 무심코 뱉은 한마
디가 이후 치료에 큰 영향을 미칠 수 있다는 사실을 실감했
다. 무책임한 예측을 입 밖에 내서는 안 된다. 더욱이 자신
이 치료에 관여하지 않는 상황이라면 더더욱 그렇다.

내가 정신감정의 공부나 현장에 그다지 열의를 갖지 않았
던 이유는 기회가 없었던 점도 있지만, 정신감정에 대해 의
문을 느낄 때가 있었던 점도 관련이 있다. 무엇보다 정신감
정은 피의자에 따라 기회가 주어질지 아닐지가 너무 불분
명하고 불공평하다. 또 극히 일부의 사람을 대상으로 하는
일이고, 그 일의 기술을 치밀하게 다듬어나가기 위해 노력
할 마음이 안 생겼던 점도 있다. 다시 말해 교도소에서 진

찰을 하다 보면 "어째서 이 사람이 정신감정을 받을 기회가 없었을까?" 하고 진심으로 의문스러울 때가 적지 않다. 원래 공평한 기회가 주어지지 않는 일을 아무리 치밀하게 해봤자 그 의미는 제한적이라고 할 수밖에 없다. 우선 정신장애가 의심되는 피의자의 사법 절차와 처우가 표준화되지 않으면 헛된 일이라고 생각했다. 그 생각은 지금도 변함이 없다.

그렇다고 정신감정이 무의미하다고 말할 생각은 털끝만큼도 없다. 지금도 많은 정신감정이 각지에서 이뤄지고 있고, 기소와 재판 과정에 영향을 주고 있다. 멋내기는 사회생활에 필요하고, 액세서리는 필수불가결이라고 하면 비꼬는 말이 될까. 액세서리가 그 사람의 인상을 결정짓는 경우도 드물지 않다. 우연한 기회에 읽었던 정신감정서 중에는 너무나 조잡하게 느껴지는 것도 있었다. 이래서는 우수한 검사나 판사들이 정신과 의사의 의견보다 자신의 판단을 우선하려는 게 당연하다. 정신감정의 기술을 표준화해 정확도를 높여가는 노력에 의미가 없다고는 할 수 없다. 분명 정신감정은 정신의학의 꽃이라고도 생각한다. 수꽃이 되지는 않도록 해야겠다.

부주의성과 산만함과 관용

그 소년은 어딘가 수다스럽고 산만했다. 의자에 앉아서도 계속 다리를 떨고 있었고, 한시도 몸을 가만두지 못하고 끊임없이 움직였다. 착하고 쾌활한 소년이지만, 성질이 급하고 사소한 일에도 화를 내며 폭발했다. 일단 짜증을 내기 시작하면 쉽사리 가라앉지 않아 주위를 괴롭혔지만, 어느 순간에 기분이 좋아졌다. 대체로 법무교관의 말에는 반항했지만, 좋아하는 몇몇 직원의 지시에는 잘 따랐다.

한번은 아이들끼리 싸움이 벌어졌는데 교관의 중재를 받고도 극렬히 저항하다가 끝내 격리실에 갇히게 됐다. 대개는 격리실에 들어가면 일단 진정되지만, 이날은 흥분이 가라앉지 않아 급기야 벽에 머리를 찧기까지 했다. 격리실은 모니터로 관찰할 수 있는데, 두 번 세 번 머리를 벽에 내리치는 사이에 아무래도 머리에서 피가 난 것 같았다. 우리는 서둘러 방 안으로 들어갔다. 소년은 자신의 머리에서 피가 흘러나오는 것을 보고 놀란 얼굴로 흐르는 피를 닦으며 아픈지 신음을 냈다. 다행히 두피의 상처는 그리 깊지 않았다. 나는 상처를 소독하고 거즈로 누르며 "무슨 일이 있었니?"라고 물었다. 그 소년은 다른 아이와 싸우게 된 경위를 이야기하고, 잘못한 건 그 애인데 자신이 격리실에 들어오게 된 것에 화가 나 분을 삭이지 못하고 벽에 머리를 박았다고 했다.

"저런 아이들이 보통 총알이 되죠." 어느 법무교관이 알려주었다. 이야기를 들어보니, 총알이란 "그래, 네가 다녀와라", "남자가 돼서 와라"라는 등의 부추기는 말에 폭력단끼리 싸움이 났을 때 제일 선두에서 싸우고 가장 쉽게 희생되는 역할이라고 한다. 폭력단의 경우만 그런 게 아니라 주위에서 부추기면 의협심에 불타 결과적으로 손해 보는 사람이 있다. 이 소년에게는 '그런 미래가 기다리고 있을까, 충분히 그럴 수 있는 일이라 안타깝다' 이런 생각을 하면서 의국으로 돌아왔다.

돌아오자마자 남자 생활관에서 벌어진 이 사건을 정신과 동료에게 말했다. "그런 경우라면 슈나이더의 발양자發揚者에 해당하겠군." 이 말을 듣고 같은 현상이라도 법무교관과 정신과 의사는 표현하는 게 완전히 다르구나 싶어 묘하게 감탄하며 설명을 들었다. 쿠르트 슈나이더Kurt Schneider는 독일의 유명한 정신과 의사이자 정신병리학자로, 칼 야스퍼스Karl Jaspers*의 뒤를 이어 독일의 기술 정신병리학†을 발전시킨 인물이다. 현대 정신의학에도 큰 영향을 미치고 있는데, 그 업적 중 하나로 오늘날 말하는 인격장애에 관한 이론이 있다. 현대의 인격장애를 당시에는 정신병질精神病質, psychopathy이라고 불렀는데, 슈나이더는 보통 사람들의 정상 범위에서 벗어난 성격이나 행동을 보이는 상태를 비정상 성격으로 정의하고, '이러한 성격 문제로 자신과 사회에 고통을 주는 것'을 정신병질로 정의했다. 이름은 정신병질에서 인격장애로 바뀌었지만, 정신의학이 다루는 성격상의 장애를 정의하는 방식은 예나 지금이나 그다지 변하지 않았다. 여기에 더해 슈나이더는 정신병질을 몇 가지 유형으로 분류했는데, 그중 하나가 발양자이다. 다음은 슈나이더가 발양자에 관해 기술한 내용이다.

"발양자(발양성 정신병질자)로 분류되는 사람들은 항상 쾌활하고 다혈질적이며 활동적이다. 발양자가 정신병질자의 유형의 하나로 분류된 주된 이유는 싸움을 즐겨 하고,

---

* 실존철학의 가장 중요한 인물로 꼽히는 철학자이자 정신병리학의 기초를 세운 정신병리학자이다.

† 정신질환을 증상, 경과, 예후 등 객관적으로 관찰되는 특징을 바탕으로 기술하고 분류하는 분야를 말한다.

의지가 자주 흔들리기 면이 있기 때문이다. 그들은 사소한 일에도 시비 걸기를 좋아하고, 자신과 상관없는 일에도 참견하고 싶어 한다. 좋은 계획을 세워도 금방 잊어버리고, 힘든 일을 겪어도 덤덤하다. 성공에 대한 자신감이 지나쳐 무턱대고 돌진한다."

이것을 읽으며 나도 모르게 탄성을 뱉었다. 마치 그 소년을 직접 만나보고 쓴 게 아닐까 싶은 정도였다. 슈나이더는 역시 대단한 사람이다 싶어 감탄했다. 아울러 전형적인 비정상 성격은 시대와 장소를 뛰어넘어 어느 정도 보편성을 지니고 있다는 것을 느꼈다.

이 소년의 성장 과정과 관련된 기록을 읽다가 어느 구절에서 눈이 머물렀다. 이 소년은 어릴 때부터 몹시 산만하고 충동적 성격이 강해서 유치원이나 초등학교에서도 주위 사람들을 괴롭혔던 것 같다. 초등학교 저학년 때 한 담임교사는 소년이 툭하면 교실을 나가버려서 자신과 소년의 손을 끈으로 묶어둔 채 수업을 했다고 한다. 교실에서 나갈 때마다 교사는 소년을 찾으러 나서야 했다. 그래서는 제대로 수업을 할 수가 없다. 고육지책이었겠지만, 예사롭지는 않다. 내가 젊었을 때 좋아했던 도스토옙스키의 소설 《백야》의 한 대목이 떠올랐다. 앞을 못 보는 할머니가 자신과 손녀의 옷을 옷핀으로 꿰매 곁에 붙들어둔 것과, 돌아다니는 초등학생 아이를 담임교사가 끈으로 묶어둔 것은 상당히 다르지만 말이다.

이런 행동을 보였다면 ADHD가 아닐까 하는 생각이 머리를 스쳤다. 그 무렵, ADHD는 교육 현장을 중심으로 관심을 모으고 있었기 때문에, 나도 조금 관심을 두고 있었다. 다만 그때는 아직 유아기, 아동기의 장애라는 인식이 강해, 초등학교 고학년이 되면서 점차 안정적이 된다는 생각이 지배적이었던 듯하다. 나도 이만큼 과잉행동과 충동성이 남아 있는 10대 후반의 소년이 있을 줄은 몰랐다.

나는 이 소년을 발양성 정신병질로 진단해 치료교육을 하느냐, ADHD로 진단해 치료하느냐에 따라 차이가 있지 않을까 하는 생각이 들었다. 정신병질이라면 아직 젊다고는 해도 앞으로 편향된 성격이나 행동이 크게 나아지지 않을 것으로 보고, 의학적 치료보다는 법무교관의 교정교육이 중심이 될 것이다. 한편 ADHD는 발달장애의 하나로 나이가 들면서 증상이 감소하는 것도 기대할 수 있고 약물로도 치료가 가능하다. 발양자 같은 현대의 진단기준에는 없는 개념으로 접근하기보다, ADHD로 보고 치료교육을 검토하는 것이 합리적이라고 생각했다.

그래서 우선은 법무교관에게 ADHD에 관해 설명하고 이해를 구하는 것부터 시작했는데, 이게 의외로 어려웠다. "결국 성격이 문제라는 말이군요." 이런 반응이 나와도 딱히

틀렸다고는 할 수 없다. 선천성 장애라고 설명해도 크게 달라지지 않았다. "타고난 거라면 그리 쉽게 바뀌지 않겠죠." "약물치료도 해보고 상담도 해봐서 잘 안 되면 교정교육을 하는 수밖에 없지 않을까요?" 결국 이런 식으로 이야기가 흘러갔다. 이 소년은 고향에서 폭주족의 리더였고, 꽤 난폭한 행동을 일삼았다. ADHD라고 해도 이만큼 충동성이 강한 소년을 위한 심리교육 프로그램은 제안할 수 없는 게 현실이었다. 결국 발양자로 진단하든 ADHD로 진단하든 큰 차이가 없을지도 모른다. 정신과 의사로서 할 수 있는 일은 ADHD로 진단할 수도 있다는 점을 분명히 전달하고 법무교관이 의사의 진단을 토대로 교정교육을 하게끔 하는 게 최선이었다.

어떻게 대응하느냐는 둘째 치고, 의료소년원에 ADHD로 진단할 수 있는 청소년들이 더 있지 않을까 싶었다. 그런 생각으로 살펴보자 적지 않은 아이들에게서 진단기준에 해당하는 증상이 보였다. 해외 사정은 어떤가 봤더니, 1990년대에 미국에서 ADHD와 품행장애(청소년비행)의 관계를 살핀 논문이 상당수 발표됐음을 알게 됐다. 그중에는 품행장애 아동은 모두 ADHD라는 취지의 논문도 있었다. 이처럼 너무 극단적인 것은 참고하기 어렵지만, (정확성에 문제가 있다고는 해도) 데이터를 바탕으로 검토하려는 시도는 의미가 있어 보였다. 일본에서는 ADHD와 청소년비행의 관계는 ADHD의 특성인 과잉행동과 충동성으로 인해 비행을 저지른다기보다, ADHD이기 때문에 양육자와 관계가 틀어지거나, 학교에 적응하지 못하거나, 자기평가가 낮아지는 등 이차적인 요인에 의해 비행에 이르는 것으로 보는 관점이 훨씬 우세했다.

이러한 논란에 대해 결론을 내리기는 어렵지만, 어딘가 산만하고 끈기가 부족한 청소년들 중에는 비교적 일찍 비행이 시작됐고, 붕괴된 가정이 아닌데도 보호자와 관계가 좋지 않았고, 어린이집, 유치원, 학교에 잘 적응하지 못했던 사례가 적지 않았다. 이는 양육자 입장에서 키우기 어려운 아이였음을 보여주는 것인지도 모른다. 진단이 바뀐다고 해서 당장 특효약이 나오는 건 아니더라도, 이런 관점에서 청소년비행을 보는 것은 대단히 중요하다고 생각했다. 바로 그 무렵, 소년원 몇 곳에서 ADHD의 특성을 보이는 청소년을 대상으로 교정교육을 실시하고 그 결과를 보고하는 사례가 나왔다. 그로부터 20년 이상이 지나 ADHD를 가진 사람의 인지기능 특징에 관한 연구도 진행되면서, 치료교육의 방법론도 어느 정도 진보를 이뤘다. 그것이 교정교육에도 도입되었다고 생각한다.

내가 ADHD에 관심을 갖게 된 이유 중 하나는 의료소년원에서 임상 경험을 쌓는 사이, 나도 예전에 이런 경향이 강했다는 사실을 깨달았기 때문이다. 나는 초등학교 저학년을 요코하마에서 보냈는데, 특히 1, 2학년 때는 수업 시간 내내 자리에 가만히 앉아 있지 못하는 아이였다. 교실 밖으로 나가는 일은 없었던 것 같지만, 수업 중에 자리를 떠나 교실 맨 뒤로 가 혼자서 야구 놀이를 했던 기억이 난다. 나는 야구라면 사족을 못 쓰는 아이였다. 투수 던졌습니다, 하며 투구 자세를 잡고 공을 던지는 시늉을 하다가, 반대쪽으로 이동해 이번에는 포수가 되어 공을 받는다. 때로는 타자가 되어 스윙을 하고 타구를 쫓는 야수도 된다. 이때 내가 소리를 냈는지 어땠는지는 기억나지 않는다. 돌이켜보면 예사롭지 않은 행동이었다.

그런 일이 한두 번이 아니었는데도, 어찌 된 영문인지 이런 행동 때문에 담임교사에게 혼이 난 기억은 없다. 아마 혼이 나도 내가 별 반응을 보이지 않았나 보다. 그러다 결국 아무리 혼을 내도 고쳐지지 않기 때문에 방치되었을 것이다. 다행히 나는 시험 성적이 좋은 학생이었다. 하지만 성적 말고는 담임인 초로의 여교사에게 꾸중을 자주 들었다. 매일같이 꾸중을 듣다 보니 학교에 가기가 싫어졌다. 나는 내가 어째서 매일 혼이 나야 하는지 알 수 없었다. 하지만 교사 입장에서는 다른 학생들이 자리에 앉아 수업을 듣는 동안, 갑자기 자리를 떠 교실 뒤쪽으로 가서 야구 하는 시늉

교도소의 정신과 의사

을 하는 학생의 존재는 참을 수 없었을 것이다. 산만한 행동은 수업 시간만이 아니라 곳곳에서 나타났을 터여서, 담임을 힘들게 했을 게 틀림없다. 다른 아이들 눈에는 어떻게 보였을까. 당시 나는 그런 것에 신경도 쓰지 않았지만, 이상하게 비치긴 했을 것이다. 나는 한시도 가만있지 못하는 아이였다.

내가 초등학교 3학년 때 우리 가족은 규슈의 지방 도시로 이사했다. 전학 간 학교는 산기슭에 위치한 작은 초등학교로, 그때까지 살던 요코하마의 학교에 비하면 무척 여유로운 분위기였다. 어린 마음에도, 수업 중에 너무 소란스럽다고 느꼈던 기억이 있다. 이 전학이 아마 내게는 행운이었지 싶다. 요코하마에서 계속 학교를 다녔다면 나는 학년이 올라갈수록 더더욱 튀는 아이가 됐을 테고, 더더욱 학교생활에 적응하기 어려웠을 것이다.

지금 돌아보면, 내 삶의 곳곳에서 이런 ADHD 경향이 나타난다. 그중에서 내 인생에 가장 크게 부정적인 영향을 끼친 사건은 고등학교 때의 일이다. 내가 입학한 학교는 오랜 전통을 자랑하는 공립 고등학교였다. 입학하고 일주일쯤 지났을 때였던 것 같다. 1학년 전교생이 강당에 불려 나가, 앞으로 당분간 점심시간을 이용해 응원 연습을 할 거라는 이야기를 들었다. 응원단의 지휘 아래 교가와 응원가를 연습하게 됐다. 입학하자마자 운동부에 가입할 정도로 난 운동을 좋아하긴 했어도, 응원 연습이나 구령에 맞춰 움직이는 것은 별로 좋아하지 않았다. 일사불란한 집단행동이 거북했다. 다른 아이들도 강제적인 응원 연습에 점심시간까지 뺏겼다며 너도나도 불만을 터뜨렸다.

이 응원 연습이 시작되고 사흘째쯤 지났을까, 응원단장이 갑자기 연습을 끊더니 모두 앉으라고 명령했다. 자세히는 기억나지 않지만, 1학년 신입생들이 의욕이 없다며 한바탕 야단친 뒤 "하기 싫은 사람은 지금 자리에서 일어나!"라며 소리쳤다. 나는 반사적으로 일어섰다. '그만큼 불평했으니 다들 일어나겠지. 하기 싫다고 하면 연습에서 빼줄지도 몰라.' 그런 순진한 생각이 순간적으로 머릿속을 스쳤다. 그런데 1학년 학생 500여 명 가운데 일어선 사람은 나 말고 딱 한 명뿐이었다. 우리 두 사람은 전교생 앞에 서서 왜 연습을 하고 싶지 않은지 설명해야 했다. 나중에 친구가 된 이 한 명은 우리가 연습 중인 교가의 가사를 이해할 수 없다는 요지의 말을 했다. 확실히 오래된 가사로, 제2차 세계대전 이전의 가치관이 반영되어 있었다. 한편, 나는 그저 싫은 게 다였다. 더는 설명할 게 없었다.

그러자 응원단 선배들뿐만 아니라 연습 내내 함께 불평불만을 늘어놓았던 아이들이 우리를 괴롭히기 시작했다. 2명 vs. 동급생 약 500명+응원단 선배 4, 5명이다. 나는 조금 놀랐다. 그러면서 동급생들에게 불신을 품게 됐다. 무엇보다

　　　　　　　　　　　　교도소의 정신과 의사

이 사건이 내게 가져다준 진정한 의미의 '후유증'은 압도적 다수인 동급생들의 비난과 욕설에 '기가 죽은 자신'을 느끼게 된 것이었다. 나는 나 자신도, 타인도 믿을 수 없다는 느낌만 남았다.

내가 원해서 입학한 고등학교에서, 하물며 초반에 이런 좌절을 맛본 것은 불행이었다. 나는 이 학교에 끝내 적응하지 못하고 졸업했다. 학교를 다니면서 친구는 몇 명 생겼지만, 마음속 응어리는 가시지 않았다. 혼자 지내는 시간이 많아지면서 철학책을 가까이하게 됐다. 반면 지각과 조퇴와 결석이 잦아지면서 학업 성적은 바닥을 기게 됐다. 학교에 가지 않고 거리를 어슬렁거린 적도 한두 번이 아니다. 뭔가 계기가 있었다면 나는 등교를 거부하고 비행을 저질렀을지 모른다. 의료소년원에서 근무하기 시작했을 무렵, 내 10대 후반 시절을 떠올리며 그때 아주 조금이라도 뭔가가 달라졌다면 맞은편 의자에 내가 앉아 있어도 이상할 게 없다고 느꼈던 순간을 잘 기억하고 있다.

정신과 의사가 된 지금, 그때를 돌이켜보면 가벼운 우울증을 앓았던 게 아닌가 싶다. 내가, 내가 아닌 것 같은 느낌에 시달렸고 뭘 해도 즐겁지가 않았다. 고등학교를 졸업할 시기가 다가오자 나는 정말이지 곤혹스러웠다. 사회로 나갈 자신이 없어서 대학에 진학할 수밖에 없었지만, 무엇을 어떻게 하면 좋을지 갈피를 잡을 수 없다. 당시 나는 "이른바 객관적 진리를 발견한다 해도 그것이 내게 아무 의미도 없다면 무슨 소용이 있는가?"라는 키르케고르의 일기 속 한 구절을 읽은 것을 계기로 철학에 관심을 갖게 되었다. 그렇지만 자신감은 완전히 바닥으로 떨어졌고, 철학 같은 건 고상한 사람이나 하는 거지 나한테는 무리라고 생각했다.

구원은 순전히 우연한 기회에 찾아왔다. 고등학교 3학년 가을, 아버지가 우연히 사 들고 온 《문예춘추》를 뒤적이다가 고바야시 이사무라는 편집자가 연재 중인 〈사람을 쓰고 싶다〉라는 시리즈에서 철학자 미키 기요시三木清*에 관해 쓴 글을 발견했다. 미키 기요시는 니시다 기타로西田幾多郎†의 애제자로, 나도 이름 정도는 알고 있었다. 고바야시의 글에서 미키 기요시는 결코 고상한 인격자가 아니라 지극히 인간적인 모습으로 그려져 있었다. 이 글을 읽고 나도 철학을 해볼까, 대학에 가서 철학을 공부하면 뭔가 알게 될지도 모르겠다는 마음이 들었다. 고등학교 3학년 겨울이 돼서야 간신히 방향이 보이기 시작했다.

고등학교를 졸업하고 재수 생활을 시작하자 마음이 조금 편해졌다. 재수 시절에는 좋은 친구도 만났다. 친한 친구 한 명이 내게 얼마나 큰 버팀목이 되어주는지 실감했고, 지금도 그 시절의 기억을 선명하게 떠올릴 수 있다. 그렇게 해서

---

* 일본을 대표하는 철학자이자 사회평론가, 문학자이기도 했다.
† 일본의 철학자이자 종교학자로, 교토 철학 학과의 창시자이다.

1년 후 입학한 대학에서 보낸 교양과정 2년은 내 인생에서 무척 즐거웠던 시절이 됐다. 그렇다고는 해도 한 번 경험한 좌절감은 생각보다 깊고 오래갔다. 지금 돌이켜보면, 이 에피소드는 ADHD 증상 때문에 불리한 행동을 하게 되고, 그 결과 주위와 어울리지 못하고 우울해졌다는 경과로 정리할 수 있다. ADHD를 가진 사람은 이차적 증상으로 우울이 동반되는 사례가 흔하다고 알려져 있지만, 나도 그런 경험을 한 게 아닐까 싶다.

그날 강당에서 일어설지 말지 앞뒤 따져보지도 않고 일어선 내 행동은 고등학생으로서는 다분히 충동적이었다. 그때 바로 일어서지 않고 주위를 둘러보며 행동했더라면 내 인생은 달라졌을지도 모른다. 일어선 것까지는 좋았지만, 말과 행동에 좀더 신중을 기했어야 했다. 그 후 내 인생은 불행의 연속이었다고는 할 수 없고, 오히려 행운을 얻었다고 해야 할 듯하지만, 지금도 그 순간으로 돌아가 인생을 다시 시작하고 싶다고 생각할 때가 있다.

돌이켜보면, 이 사례 말고도 나의 부주의성과 과잉행동, 충동성 때문에 사서 고생하거나 실패한 일, 구태여 위험을 무릅쓴 일 등은 수없이 많다. 대학에 들어가서 철학, 심리학, 정신의학 등 차례로 전공을 바꾼 일도 끈기 부족의 표시이며, 의사가 된 후에도 이직을 반복하고 있다. 박사학위를 받을 때 쓴 논문은 주제가 청소년비행과 관련된 것이었는데, 10년 후에는 노인이 내 연구의 대상이 됐다. 세상에는 인생을 일관되게 살아가는 사람들이 있고, 나로서는 그런 사람들을 진심으로 존경하지 않을 수 없다. 니시다 기타로는 대학을 퇴직하며 이렇게 말했다. "나의 생애는 매우 간단한 것이었다. 인생 전반은 칠판을 앞에 두고 앉았다. 그 후반은 칠판을 뒤로 하고 섰다. 칠판을 향해 일회전을 했다고 한다면, 그것으로 나의 전기傳記는 충분하다." 이러한 단순성을 동경한다.

나도 집중해서 꾸준히 뭔가를 할 수 있었다면, 조금 더 좋은 일을 할 수 있지 않았을까 싶을 때가 있다. 하지만 안타깝게도 내게 그런 자질은 없었다. 그러나 만약 그렇게 됐다면 다양한 세계를 들여다볼 수는 없었을지 모른다. 젊은 시절에는 "처음에 세운 뜻을 끝까지 밀고 나간다", "오직 진실을 추구하며 살아간다" 등의 말을 좋아했지만, 나이가 들어 나 자신에 대해 알게 되고부터는 "군자는 표범처럼 변한다"(주역), "탈피하지 못하는 뱀은 죽는다"(니체)라는 말에 더 공감하게 됐다. 사람은 자기에게 맞는 인생을 살 수밖에 없음을 새삼 절실하게 느낀다.

ADHD 증상은 대부분 성인이 되어도 남는다고 알려져 있다. ADHD 진단을 받고 통원 치료를 하는 환자도 꽤 많다. 최근에는 동네 병원에도 자신이 ADHD는 아닌지 검사해보

교도소의 정신과 의사

려는 사람들로 붐빈다. 대개 직장이나 가정 생활에 적응이 힘든 사람들이다. 가령 직장에서라면 실수를 반복하거나, 마감 기한을 지키지 못하거나, 약속을 어기거나, 낮에 졸음이 쏟아지거나, 한 번에 여러 일을 지시받으면 머리가 혼란해지거나 하는 등이다. 어느 정도는 누구에게나 있을 법한 일이다. 그러나 예를 들어 단순한 실수를 반복하다 보면 동료나 상사에게 지적을 받게 될 테고, 그 일로 긴장해서 실수가 더 잦아지거나, 기분이 우울해지거나, 자존감이 낮아지거나 하는 등의 일이 반복된다. 우울증 증상 뒤에 ADHD가 감춰져 있을 것으로 추정되는 환자도 적지 않다.

그런데 성인 ADHD의 진단은 아동보다 어려운 경우가 많다. 아무래도 성장 과정의 영향을 받았을 것이고, 개개인의 환경이 다르다 보니 다른 환경에서라면 평범했을 사람이라도 사소한 실수도 용납되지 않는 직장 환경에서는 더 눈에 띌 수도 있다. 다만 확실하게 진단 가능한 사람도 있다.

어느 20대 여성 직원은 직장에서 잦은 업무 실수와 미숙한 일 처리로 상사에게 질책 받는 일이 많아지자, 자신감을 잃고 기분이 우울해져 불면에 시달리다가 병원을 찾았다. 증상을 보면 우울증이 의심됐다. 아울러 업무 기한을 지키지 못하는 것, 근무 시간에 조는 것, 한꺼번에 여러 일이 주어지면 혼란스러워지는 것, 한 가지 일을 시작하면 거기에만 매달려 균형을 잃는 것 등을 봐서는 ADHD도 의심됐다.

아마 어려서부터 이런 경향이 있었던 모양인데, 전업주부인 어머니의 보살핌 덕분인지 그녀는 학교생활에는 큰 문제가 없었던 듯하다. 부모 집에서 살며 명문대를 다녔고 성적도 우수했다. 그러나 직장에 들어가자마자 벽에 부딪혔다. 단순 실수로 상사에게 지적을 받는 일이 잦아지자, 자신감이 떨어지고 기분이 울적해졌다.

어느 날인가 그 여성이 진찰 중에 다리가 아프다고 말했다. 무슨 일이 있었느냐고 묻자, 허벅지 쪽에 화상을 입었다고 했다. 이유를 물었더니, 아침에 늦잠을 자는 바람에 지각할 것 같아 서둘러 옷을 갈아입다가, 스커트에 주름 간 것이 신경 쓰여 치마를 입은 채로 황급히 다림질을 했다고 한다. 간호사와 확인해보니 확실히 허벅지 쪽에 화상 자국이 넓게 있었다. 분명히 온종일 쓰라리고 욱신거렸을 텐데 참은 듯했다. 다행히 가벼운 화상이어서 감염 위험은 크지 않아 보여 열기를 식힌 후 거즈를 대어주고, 다음 날 꼭 피부과에 가서 진찰을 받으라고 말했다. 반듯하고 애교 넘치는 사람이었지만, 회사에서 능력 있는 직원으로 평가받기는 힘들 거라고 생각했다.

이 여성에게는 약물치료가 효과가 있었다. 그녀는 집중력이 매우 좋아졌고 지적받는 일이 크게 줄었다. 몇 년 뒤 결혼해 퇴직하게 됐다는 이야기를 들었다.

교도소의 정신과 의사

ADHD의 약물치료에 관해 이야기를 해보려 한다.

이 책을 쓰고 있는 시점을 기준으로 일본에서 ADHD 치료제로 승인된 약물로는 크게 네 가지가 있다. 그중 3종은 성인도 사용할 수 있다. ADHD 치료의 핵심은 본인과 주위 사람들에 대한 심리교육이며, 자신의 특성을 셀프 모니터링(자기감시)하여 어떻게 강점을 살리고 약점을 보완하는가에 달려 있다. 다만, 약물치료가 일정 혹은 상당한 효과가 있는 것은 확실하다.

내가 의료소년원에 근무할 당시 ADHD 치료에 사용되던 약물은 메틸페니데이트(리탈린)뿐이었다. 우울증 치료에만 건강보험이 적용되어 난치성 우울증에 한해 처방됐다. 메틸페니데이트는 각성제와 구조식이 유사한 약물로, 뇌의 보수계에 작용해 도파민이 분비되면서 의욕을 높인다는 점에서 우울증 치료제로 인가받았다. 또 메틸페니데이트는 중추신경계를 자극하여 각성하는 효과가 있어 일부 아동정신과 의사들은 ADHD 치료제로 사용했다. 원래 우울증 치료제인 데다 건강보험도 적용받지 못했으나, 다른 치료제가 없었기 때문에 ADHD 증상이 심한 경우 정신과 의사들이 어쩔 수 없이 처방할 때도 있었다.

한편 리탈린은 급격히 기분을 끌어올리는 작용이 있었기 때문에, 이른바 '어퍼upper(각성제)'의 일종으로 남용되기도 했다. 우울증을 기저 질환으로 갖고 있는 사람들은 알코올이나 각성제에 의존하는 경향이 강하다는 점이 일찍이 지적됐는데, 마찬가지로 우울증 기저 질환자들이 리탈린에 의존하게 됐다. 한 정신과 의사가 항우울제를 이것저것 시도해 봐도 효과가 없어 리탈린을 처방했는데, 결과적으로 환자가 약에 의존하게 된 사례도 있었다. '어퍼' 작용이 있다는 걸 알고 자신이 적극적으로 리탈린을 요구하는 사람도 적지 않았다.

나 역시 리탈린 의존 환자의 주치의가 된 적이 몇 번 있다. 그중 한 명은 대단히 중증이었다. 그 중년 남성은 상당한 양의 리탈린을 상시 복용하고 있었다. 그러다가 어떤 사정으로 구하지 못하게 되어, 갑자기 약을 중단하는 바람에 격렬한 이탈 증상이 나타났다. 정신적으로 심한 불안정 증세를 보이면서 공격적인 행동을 한 탓에 경찰에 보호 조치되어 어느 정신과 응급실에 긴급 입원했다가 다음 날 내가 근무하던 정신병원으로 옮겨졌다. 입원 초기에는 의식이 가볍게 흐려져 있는 상태여서 간단한 문답은 할 수 있었지만 자세한 대화는 불가능했다. 온몸에 땀이 흘렀고 미세한 경련이 일었다. 시간이 흐르면서 이탈 증상이 가벼워져 몸 상태는 안정됐지만, 늘 복용하던 리탈린이 없으면 정신적으로 불안정해져 내 얼굴만 보면 리탈린을 처방해달라며 졸랐다. 리탈린 단약 증상으로 인한 짜증인지 아니면 원래 성격이 그

교도소의 정신과 의사

런지는 몰라도 어쨌든 난폭하게 굴면서 얌전히 있는 조현병 환자를 괴롭히거나 여성 간호사에게 대들거나 해서 병동 운영에 큰 지장을 주었다. 그렇다고 해서 환각, 망상 상태인 것은 아니어서 보호실에 격리하기도 어렵다. 그런 조치를 당하지 않으려고 교묘하게 행동하고 있었다. 나는 머리를 싸매고 고심했다.

어느 날 아침 내가 무거운 마음으로 그 환자가 있는 병동의 간호사실에 갔더니, 간호사 몇 명이 나를 에워쌌다. "그 환자를 당장 퇴원시키든지 다른 병원으로 옮겨주세요. 그게 안 되면 보호실에 수용하고 내보내지 마세요. 그렇게 안 해주시면 차라리 저희가 나가겠습니다. 더는 못 버티겠어요. 어떻게 하시겠어요?" 내가 담당하는 환자가 주위에 피해를 주는 것 때문에 간호사가 불평한 적은 몇 번 있어도 이렇게까지 나온 것은 처음이었다.

대답이 궁해 우물쭈물하고 있는 사이, 그중 한 간호사가 말했다. "이 환자는 원래 공립병원에서 치료를 받던 사람이니까, 그곳에 연락해서 환자를 받아달라고 해주세요." 확실히 병력에는 그렇게 쓰여 있었다. 오랫동안 그 공립병원에 다녔고, 입원 경력도 몇 번 있다는 건 알고 있었다. 하지만 그렇다고 해서 우리 병원에서 돌보기 힘드니 데려가달라고 하는 건 너무 한심하고 어처구니없는 일이었다. 이 또한 대답이 궁한 요구다. 하지만 거기에 있던 몇몇 간호사는 이구

동성으로 내게 전화만이라도 해달라고 요구했다. 전화 통화 상대는 인격장애와 관련해 뛰어난 업적을 내고 있는 한 공립병원 정신과 의사로, 나도 이름 정도는 알고 있었다. 이런 사람에게 신출내기인 내가 전화로 전원을 부탁하자니 주눅이 들었다. 어차피 거절당할 게 빤해 보였지만 간호사들을 달래기 위해 전화만이라도 해보기로 했다. 사정을 말하자, 그 의사는 의외로 "알겠습니다, 그런 까다로운 환자를 맡는 게 공립병원의 역할이니까요"라고 대답했다. 솔직히 그때 나는 정말 놀랐다. 그때까지 내 주위에는 성가신 환자와는 거리를 두는 게 상책이라는 분위기가 팽배했기 때문이다. 이 한 통의 전화는 그 후 내게 큰 영향을 미쳤다. 내가 담당하게 된 환자가 까다롭더라도 일단 맡아서 최선을 다하자고 생각하게 됐다. 덧붙여 그때 통화했던 정신과 의사와는 그 후 연구회나 학회의 심포지엄에서 함께할 기회도 있어 지금도 가깝게 지내고 있다.

리탈린은 2000년대에 의존약물로 크게 보도된 적이 있다. 제대로 진찰도 하지 않은 채 많은 환자에게 리탈린을 처방하던 의사가 면허정지 처분을 받은 일도 있다. 그 병원에 가면 리탈린을 처방해준다는 소문이 퍼지면서 여기저기서 리탈린을 구하려는 환자가 몰려들었다는 이야기를 들은 적이 있다. 리탈린은 사회적 비난의 대상이 되었고, 이윽고 리탈린을 제조하던 제약사는 우울증에 대한 효능을 자진 철회하면서 리탈린의 유통도 중단됐다.

그러나 일부 정신과 의사들은 리탈린이 ADHD 치료제로서 효과가 있다고 봤기 때문에, 그 과정을 안타깝게 바라보고 있었다. 내 지인인 한 아동정신과 의사도 그중 한 명이었다. 그의 말에 따르면, ADHD 아동의 3분의 1이 리탈린에 큰 효과를 보았고, 3분의 1은 어느 정도 유의미한 효과를 나타냈다. 확실하게 ADHD로 진단할 수 있는 아동에게 처방해 의존성이 생긴 사례는 본 적이 없다고 했다. 믿을 수 있는 친구가 하는 말이라 더더욱 곤란한 일이 생겼다는 생각이 들었다. 이러한 문제의 최선의 해결책은 리탈린의 적응증*에서 우울증을 빼고 ADHD를 넣는 것이다. 당시는 성인에게 ADHD로 진단을 내리는 일은 없었기 때문에, 이런 식의 대응을 제대로 하면 의존 문제는 해결할 수 있다.

그러나 새로운 적응증을 만들기 위해서는 다시 무작위로 ADHD 환자와 정상인에게 리탈린을 투여하여 효능·효과(적응)와 부작용을 확인하는 작업(임상시험)을 거쳐야 한다. 이 작업에는 상당한 수고와 비용이 들기 때문에, 영리기업인 제약회사에서는 비용을 회수할 가능성이 없으면 임상시험을 실시하지 않는다. 리탈린은 제법 오래전에 출시되어

---

*   어떤 약이나 수술로 치료 효능·효과(적응)를 기대할 수 있는 병이나 증상을 말한다.

약값이 매우 싼 편이었다. 적응증을 바꿨다고 해도 그 약물의 단가를 올리려면 후생노동성과 상당히 힘들게 교섭하지 않으면 안 된다. 제약사로서는 이미 사회적 지탄을 받고 있는 리탈린에 대해 그런 고생을 마다치 않고 임상시험을 해서 득 볼 게 별로 없다. 이렇게 해서 리탈린은 사라지는 운명에 처했다. (현재는 확실한 기면증 진단을 받은 경우에만 처방이 가능하게 됐다.)

ADHD 치료제가 다시 등장한 것은 그로부터 한참 뒤의 일이었다. 가공 처리를 통해 메틸페니데이트의 대사 속도를 늦추는 서방형 제제가 출시된 것이다. 리탈린과 콘서타(메틸페니데이트의 서방제)는 기본적으로 같은 성분의 물질로 구성됐지만, 대사 속도가 완전히 다르다. 약물의 효과에는 성분만이 아니라 대사 속도가 큰 영향을 미친다는 것을 새삼 느꼈다. 취하는 데 몇 시간이나 걸린다면 아무도 술을 마시지 않을 것이다. 최근 십수 년간 벤조디아제핀계 항불안제를 향한 비판이 거세지고 있는데, 이 역시 대사가 빠른, 즉 효과가 빠르게 나타나는 약물이다. 복용 후 5분~15분 정도면 효과를 체감할 수 있다. 그런 의미에서 유효성이 높다고 할 수 있지만, 그런 약물은 종종 의존 대상이 되어버린다. 무슨 일이든 둘 다 좋을 수는 없다. 참 어려운 일이다.

ADHD와 관련해 기억에 남는 이야기가 하나 더 있다.

1980년대 일본 곳곳의 초등학교에서 일어난 '학급 붕괴' 현상이 화제였던 적이 있다. 초등학교, 중학교 아이들이 수업 내내 떠들고 장난을 치는데, 교사의 통제가 먹히지 않아 수업을 못하게 된다는 거였다. 이 문제는 몇 년간 언론을 떠들썩하게 했는데, 놀랍게도 학급 붕괴의 원인이 ADHD 아동에 있다는 논의가 등장하게 됐다. 주의가 산만하고 시끄러운 행동을 하는 아이가 학급에 큰 영향을 주고, 덩달아 다른 아이들이 따라 하게 되면서 학급 붕괴가 일어난다는 설명이다.

당시 나는 도내의 한 교육상담기관에서 주최하는 강좌의 강사를 맡고 있어, 한 해에 몇 차례 공립 초중교 교사들과 이야기를 나눌 기회가 있었다. ADHD가 화제로 떠오르기 시작했을 무렵, 대부분의 교사들은 ADHD 아동이 한 학급 내 적지 않고, 그만큼 영향력이 크며, 이에 어떻게 대응해야 할지 고민이라며 탄식을 쏟아냈다. 그런데 10년이 채 안 돼 교사들의 고민이 바뀌었다. 일부 보호자들이 자신의 아이가 ADHD이므로 특별한 관심과 배려를 보여달라고 요구한단다. ADHD라고 하는 개념이 그만큼 급속히 사회적으로 퍼졌다는 얘기다.

당시에는 초중교 학생들이 대상이었다가, 어느 시점부터 성인에까지 확대됐다. 확실히 ADHD는 나이가 들면서 증상이 점차 완화되는 경향이 있지만, 성인이 되어서도 증상이 지속되는 것으로 알려졌다. 특히 부주의 증상은 성인이 되고 나서도 여전히 남는 것으로 보인다. 따라서 공부나 일을 할 때 실수가 끊이지 않아 사회생활에 어려움을 겪고, 자신이 ADHD가 아닐지 걱정스러워 외래 진료를 받는 사람, 가족이나 직장 상사에게 ADHD가 아닌지 의심을 받고 진료를 받는 사람이 끊이지 않는 것이다. 하지만 ADHD를 앓는 아이들이나 어른들은 옛날부터 있었을 게 틀림없다. 진료를 받는 사람이 이만큼 증가하는 것은 세상이 그만큼 부주의성이나 산만함을 허용하지 못하게 됐음을 말해주는 것일지 모른다. 초등학교 때의 나는 교사에게 호된 꾸지람을 듣긴 했어도 정신과 진료를 받으라는 말은 들어보지 못한 것 같다. 지금이라면 어떻게 됐을까.

교도소의 정신과 의사

발달장애는 무엇을 가져왔는가

❖

그 10대 후반 소년은 심야에 슈퍼마켓 점원과 손님을 금속 야구방망이로 후려갈겨 상해죄로 체포됐다. 초등학교 때부터 학교에 가지 않고 집에 틀어박혀 생활하고 있었지만, 그때까지만 해도 비행과는 거리가 멀었다. 소년감별소에서 진행한 지능검사 결과, 지능지수는 평균보다 훨씬 높았지만 학업 성적은 신통치 않았다. 친구는 거의 없고, 오로지 TV만 보며 집에서 홀로 지냈던 모양이다.

소년감별소에서는 "조현병이 의심된다"는 진단이 나왔다. 그때까지 한 번도 반사회적 행동을 보인 적이 없는 소년이 갑자기 충동적 범죄를 저질렀기 때문에, 어떤 정신장애가 발생했다고 보는 견해에는 일리가 있었다. 그런데 의료소년원에서 몇 달 경과를 지켜보니 특별한 정신증상이 관찰되지 않아, 인격장애의 틀에서 진찰해가는 것이 좋겠다는 결정이 났다.

인격장애에는 몇 가지 유형이 있는데, 일반적으로 크게 세 개의 그룹으로 나뉜다.

A군 : 괴팍하고 기이한 성격으로, 사회적 고립을 가져오는 특성이 있다.

B군 : 극적이고, 감정적이며, 변덕이 심한 행동적 특성을 보인다.

C군 : 불안하고 두려움을 많이 느끼는 특성을 지닌다.

이 소년은 A군의 인격장애 유형에 꽤 잘 들어맞았다.

인격장애는 쿠르트 슈나이더의 정신병질의 연장선에 있는 개념이다. 선천적 요인이 큰지, 양육환경 같은 후천적 요인이 큰지를 떠나, 약물치료를 통해 정신병적 증상(환각, 망상 등) 또는 신경증적 증상(공황발작이나 강박행위 등)이 호전될 수 있고, 심리치료에 의한 변화도 기대할 수 있겠지만, 인격(성격) 자체는 그리 쉽게 변하지 않는다. 인격이란 게 오랜 시간에 걸쳐 형성되어왔기 때문에 변하는 데에도, 똑같은 시간은 아니라도 그만큼 시간이 걸린다고 생각하는 것이 타당하다. 아직 어린 청소년들 중에는 치료 과정에서 상당한 변화가 느껴지는 사례도 있지만, 좀처럼 바뀌지 않는 사례도 적지 않다.

　어느 날, 이 소년의 어머니가 시간을 내어 먼 곳에서 면회를 왔다. 담당의사와도 만나고 싶어 한다기에 면담을 했다. 어려서부터 숫기가 없고 말이 없는 소년이었다고 한다. 어머니와 소년이 둘이서 사는 한부모 가정에서 자랐고, 어머니는 먹고살기에 급급한 처지였다고 했다. "하여간 키우기 힘든 아이였어요. 무슨 생각을 하는지 속을 알 수가 없었어요. 뭔가 하나에 홀리면 거기에만 집착했고, 못하게 하면 짜증을 냈지요. 친구라고 할 만한 친구는 한 명도 없었습니다. 공부에는 통 관심이 없었고 아무것도 하지 않았어요."

　이 소년의 성격은 초등학교 입학 전부터 바뀌지 않은 것 같았다. '대인관계가 서툰 면'이나 '집착이 강한 면' 등이 그랬다. 나는 일찍이 ADHD에 관심을 갖고 있었기 때문에 늘 소년들을 발달장애의 틀에서 이해해보려고 했다. 이 소년에게서 보이는 대인관계 형성의 어려움, 사회성 부족, 강한 집착 등이 발달장애의 특징이라면 자폐증, 그중에서도 일정 수준 이상의 지적 능력을 가진 아스퍼거증후군으로 진단하는 게 타당해보였다. (아스퍼거증후군이 자폐스펙트럼장애의 일부로 통합되기 전의 일이다.) 당시 의료소년원 내에서 아스퍼거증후군으로 진단받은 사례는 이 소년이 처음이어서 꽤 호기심 어린 시선을 받게 됐다.

그 소년은 상해사건으로 소년원에 오기는 했지만, 어떤 의미에서는 고지식하다는 말이 딱 들어맞을 정도로 반듯했다. 소년원 생활의 규칙을 깨는 아이들이 있으면 격분했다. 예를 들어 계단에서 뛰지 않아야 한다거나, 복도에서 오른쪽으로 걸어 다녀야 한다거나 하는 규칙을 지키지 않는 아이들이 있으면 "왜 선생님들은 주의를 주지 않습니까?"라며 법무교관에게 항의했다. 옷매무새가 흐트러지는 것에도 예민해서 모자를 약간 비스듬하게 쓰고 있는 아이가 있으면 벌컥 화를 냈다. 그렇다고 소년 자신이 나서서 주의를 주는 일은 없었다. 의사와 면담을 하며 소년은 분노의 감정을 쏟아냈다. 그런 규칙 위반을 보면 어떤 느낌이 드느냐고 묻자, "화가 나요. 직접 주의를 줄까 말까 생각하다 보면 머릿속이 혼란스러워져요"라고 했다. 아무래도 '해야 할까', '해서는 안 될까'가 머릿속에서 대립하면 다른 생각은 아예 못 하게 되는 것 같았다. 또 어떤 때는 '반드시 이렇게 해야 한다', '반드시 이래야 한다'는 생각에서 빠져나올 수 없는 듯했다.

이 소년은 어려서부터 집단생활에 적응하지 못했고, 학교에 들어간 뒤로는 등교를 거부하고 집에 틀어박혀 지내고 있었다. 사건 당일, 소년은 TV를 보고 있었는데, 거기에 해외의 한 슈퍼마켓에 흉기를 든 강도가 침입하는 장면이 흘러나오고 있었다고 한다. 이 해외 영상이 왠지 소년의 뇌리에 박혔다. 그날 밤, 소년은 잠자리에 들어서도 그 영상이 머릿속에서 떠나지 않고 맴도는 사이 '그 정도라면 나도 할 수 있겠다'라는 생각이 들었고, 급기야 '나도 똑같이 해야 한다'라는 강박 같은 생긴 듯하다. 소년은 집에 있던 금속 야구방망이를 들고 심야 영업을 하는 동네 슈퍼마켓에 들어갔다. 물건 몇 개를 훔치고 이를 제지하려는 점원과 가게 안의 손님을 향해 야구방망이를 휘두르고 두들겨 팼다. 범행 후의 계획은 세워둔 게 없었는지, 그대로 서 있다가 경찰에 체포됐다. 그때까지 한 번도 일탈한 적이 없는 10대 중반의 소년으로, 소년감별소에 수용되어 신속하게 소년재판을 받고 의료소년원으로 송치되어왔다.

이 소년이 저지른 범죄의 특징은 TV 영상에 자극을 받아 '그 정도라면 나도 할 수 있겠다', '나도 똑같이 해야 한다'는 생각에 사로잡혀 범행을 저질렀다는 점이다. 이는 아스퍼거 증후군 환자의 강박성 또는 상동성*으로 이해할 수 있다. 소년은 의료소년원 내에서는 규칙을 잘 지키고 바르게 생활하는 우등생이었다. 담당의사인 나와 면담할 때는 말수가 적고, 자신의 감정을 표현하는 일이 드물었다. 이 고지식한 소년의 마음에 폭력적인 영상이 파고들었던 것은 이 소년이 울적했기 때문이라고 생각했다. 소년은 결코 풍족하다고는 할 수 없는 환경에서 자랐다. 장래에 대한 불안감도 있었

---

* 특정 말이나 행동을 지속적으로 반복하는 것을 말한다.

을 것이다. 임시변통이긴 해도 '타인의 마음을 이해해본다', '타인의 입장에서 생각해본다' 같은 연습을 몇 달 동안 한 뒤 소년은 집으로 돌아갔다.

그로부터 몇 달이 지났을까, 아이치현에서 남자 고등학생이 생면부지의 노인을 살해한 사건이 일어났다. 이 고등학생은 그전까지 비행을 저지른 일이 없었고, 오히려 학업 성적도 우수한 편이었다. 경찰의 질문에 "사람을 죽여보고 싶었다"라고 대답한 사실이 보도되면서 '체험 살인'이란 말이 모든 언론매체를 달궜다. 이 소년이 정신감정을 통해 아스퍼거증후군으로 진단된 사실이 대대적으로 보도되었고, 이후 이 말은 사람들의 입에 자주 오르내리게 됐다.

아스퍼거증후군은 오스트리아 빈의 소아과 의사 한스 아스퍼거Hans Asperger가 1944년에 〈소아기의 자폐적 정신병질〉이라는 논문에서 발표한, 독특한 의사소통 양식이나 지적 능력을 가진 아동의 증례로부터 발전된 개념이다. 그 임상적 특징은 전년인 1943년에 미국의 정신과 의사 레오 캐너Leo Kanner가 발표한 논문 〈정서적 접촉에 대한 자폐적 장애〉에서 기술한 소아 자폐증과 유사했다. 캐너의 개념이 세계적으로 유명해진 반면, 아스퍼거의 이름이 오랫동안 잊힌 이유 중 하나는 캐너의 논문은 영어로 쓰인 데 반해 아스퍼거의 논문은 독일어로 쓰였기 때문이라고 알려져 있다. 언어의 벽은 그만큼 높다.

　한편 아스퍼거는 제2차 세계대전 중 나치에 협력해 우생학을 근거로 한 장애 아동 학살에 관여했고, 이후 과거 전력이 드러날까 우려해 이 분야 연구를 회피했다는 의심도 받고 있다. 이유야 어떠하든 1981년 영국의 아동정신과 의사 로나 윙Lorna Wing이 아스퍼거의 업적을 소개하며 재평가하기 전까지는 정신의학의 공식 무대에서 자취를 감추고 있었다.

　무엇보다 아스퍼거증후군을 별도의 진단 대상으로 봐야 할지, 아니면 자폐증 중에서도 지적 능력이 뛰어난 고기능 자폐증과 구분이 어렵다고 봐야 할지에 대해서는 여전히 논란이 남아 있다. 그리고 아스퍼거증후군이 국제적 진단기준인 DSM-5(정신질환 진단 및 통계 편람 5차 개정판, 2013년)와 ICD-11(질병 및 관련 건강 문제의 국제 통계 분류 11차 개정판, 2018년)에서 '자폐스펙트럼장애'의 한 종류로 통합되면서 별도 분류로서는 사라지게 됐다. 지금도 일반적으로는 아스퍼거증후군라는 말이 흔히 쓰이고 있지만, 정신의학의 공식 진단체계에서는 쓰이지 않는다. 그렇다고는 해도 발달장애는 아직 충분히 성숙된 개념이라고 할 수 없으므로, 또 어떤 기회를 맞아 부활할 날이 올지 모른다.

자폐스펙트럼장애(ASD)의 개념 역시 캐너가 최초로 별도의 질환으로 규정한 이래 여러 변화를 겪었지만, 언어적 또는 비언어적 의사소통의 어려움을 비롯한 사회성 부족, 강박이나 상동성 등의 강한 집착이 주요 특징이라고 할 수 있다. 내가 정신과에서 임상 수련을 시작한 1980년쯤에는 ASD는 눈을 잘 마주치지 않고, 신체적 접촉을 피하고, 정서적 교류에 어려움을 겪으며, 언어 발달이 늦어지는 등의 발달 특성을 보이는 아이를 가리켰다. 발달지연이 눈에 띄는 아이는 대개 지적장애를 함께 갖고 있었지만, 여기에서 자폐적 특성을 가려낸 것이 캐너와 아스퍼거의 업적이다. 언제부터인지는 몰라도, ASD의 개념이 매우 확대되어 경증의 ASD가 의료의 장에 등장하게 됐다. 의사소통 능력이 떨어지고, 타인의 기분을 헤아리지 못하는 사람이 ASD의 틀에서 이해되기 시작하면서, 급기야는 2010년대에는 '눈치 없는 사람'을 일본에서는 '아스페*'라고 부르는 일까지 생겼다.

ASD는 내가 임상심리학에서 정신의학으로 진로를 바꾸게 된 계기와 깊은 관련이 있다. 임상심리학을 배우기 위해 대학원 석사과정에 진학했을 무렵, 내가 속한 대학의 교육상담실에 한 아이(지금 생각해보면 꽤 중증의 ASD 아동)가 어머니의 손에 이끌려 와 있었다. 그 상담실은 아동 상담이 들어오면 석사과정의 대학원생이 아동의 놀이치료를 담당하고

---

* 아스퍼거증후군 환자를 줄여 부르는 속어 표현이다.

박사과정의 대학원생 또는 조금 더 윗선배가 보호자와 면담하는 구조로 운영됐다.

놀이치료는 비교적 넓은 놀이방에서 아이와 치료자가 놀이를 매개로 관계를 맺고, 아이가 마음속에서 카타르시스를 경험하게 하며, 아이의 상징적 표현을 이끌어내는 등을 목적으로 하는 치료법이다.

서너 살쯤 된 아이는 아직 의미 있는 말을 거의 못 하고 내가 하는 말을 알아듣는 것 같지도 않았다. 놀이방에 들어서자마자 갑자기 선반에 있는 장난감을 손에 잡히는 대로 바닥에 던지기 시작했고, 있는 내내 온 방을 장난감으로 어지럽혔다. 엄청난 에너지 폭발이었다. 나는 어떻게든 관계를 맺어보려고 했지만, 바늘 끝도 안 들어갈 철벽같은 느낌이었다. 한 시간 내내 선반에서 장난감을 끄집어내 바닥에 내동댕이치던 아이의 모습이 지금도 머릿속에 선명하다.

이 상담실에서는 내담자의 허락을 얻어 모든 면담과 놀이치료를 녹음, 녹화하고 있으며, 이것을 바탕으로 면밀한 사례검토회(케이스 컨퍼런스)를 진행한다. 거기서는 ASD는 기본적으로 모자관계의 문제이며, 어머니의 양육 태도가 아이의 발달상태에 영향을 미쳤다는 쪽으로 논의가 진행됐다. 나는 아이가 격렬한 행동을 보이거나 또래에 비해 언어발달이 뒤처지는 것은 타고난 기질이나 유전적 소인과 관련이 있지 않겠느냐는 의견을 냈지만, 내 의견에 찬성하는 사람은 아무도 없었다. 오히려 그런 태도 때문에 놀이치료도 효과를 보지 못하는 거라고 선배들로부터 비난을 받았다. 요컨대 당시 내가 속해 있던 임상심리학 그룹은, ASD의 원인을 어머니의 애정 부족이나 잘못된 양육 태도에서 찾는 심인론心因論에 크게 경도되어 있었다. 사례검토회에서는 아이가 장난감을 선반에서 모두 끄집어낸 행동의 상징적 의미가 어머니의 양육 태도와 관련해서 논의됐다.

당시 나는 임상심리학과 함께 발달심리학을 공부하고 있었고, 보건소에서는 주로 영유아를 대상으로 건강검진을 시행했다. 또 특수학교에서 진행하는 공부 모임에도 정기적으로 참석했다. 그때 지적장애를 갖거나 발달지연을 보이는 아이들을 많이 만났다. 이 당시 의학 및 발달심리학 관련 논문을 보면, ASD의 원인을 신경발달학적 측면에서 설명하는 인지장애설이 국제 학계 내에서 힘을 얻고 있었다. ASD를 심인론의 측면으로 해석하는 시대는 끝나고 있었던 것이다. 나는 내가 속한 임상심리학 그룹이 신체적 문제를 무시하고 심성 또는 심층 심리로 파고드는 태도에는 어쩐지 거부감이 일었다. 또 선천적 기질 혹은 신체적 소인 등에 초점을 맞추는 내게 "비인간적이다", "공감력이 떨어진다"라며 '윤리적'인 뉘앙스를 담아서 비난하는 사람도 몇몇 있었다. 내가 주장하는 방식에도 반감을 불러일으킬 만한 요소가 있었겠지만, 결과적으로 나는 도저히 적응할 수가 없었

교도소의 정신과 의사

다. 이것이 곧 의학으로 전향을 진지하게 생각하게 된 큰 요인이 됐다.

이처럼 심인론에 편향된 관점에서 비롯된 비난은 그로부터 10여 년이 지날 때까지 계속됐다. 내가 속해 있던 대학원 상담실은 감사하게도 내가 스스로 그만두기 전까지는 구성원으로서 자격이 유지됐다. 나는 의학부생이 되고 나서도 얼마 동안은 상담실 활동을 허락받고 상담을 이어갔다. 어느 날, 학습장애로 보이는 한 아이를 담당하게 된 나는 학습장애를 전문으로 하는 대학원 선배를 사례검토회에 초대해 의견을 들었다. 그 자리에는 지도 교수도 한 명 참석했는데, 당일에는 아무 말도 하지 않았지만, 그다음 날 생물학적 관점에서 아동을 바라보는 태도를 강하게 비판하는 논평을 냈다. 데이터나 선행연구를 바탕으로 한 견해인 것 같지는 않았다. 한 정신분석가의 의견이 인용되었지만, 그것은 의학적으로 합의된 견해는 아니었다. 나는 그때 이미 의학부생이었고, 곧 의학계에 몸담게 될 것이어서 석사과정 때와는 다르게 받아들일 수 있었지만, 그럼에도 임상심리학의 실상에는 크게 실망할 수밖에 없었다. 1990년쯤의 일이었다. 그로부터 30년이 지나, 젊은 사람들을 중심으로 의료 현장에서 일하는 임상심리사도 증가했고, 좀 더 현실적인 감각으로 의학적 성과를 받아들여 심리학적 치료를 하려는 사람들이 늘고 있는 것 같다. 심리학자들은 심인론을 고집

하는 것으로 자신의 지위를 유지하려 해서는 안 된다.

ASD의 심인론은 과학적으로 잘못됐을 뿐만 아니라 환자와 그 가족에 대해서도 죄가 무겁다. 어머니를 향한 비난이 포함되어 있기 때문이다. 모든 어머니가 아이의 발달지연에 괴롭고 힘들어한다. 그런데 그 원인이 어머니의 양육 태도, 심지어 애정 부족에 있다며 비난했다. 아무리 그 주장을 받아들일 수 없다 해도, 의사나 심리학자 등의 전문가가 그렇게 지적을 하면 이에 강력히 대응할 수 있는 어머니들이 얼마나 있겠는가. 미국의 동물학자이자 대학 교수인 템플 그랜딘Temple Grandin은 어릴 때 ASD 진단을 받았다. 그의 전기 영화에는 ASD로 진단받는 장면이 나오는데, 전문가가 어머니의 양육 태도를 지적하는 대목이 있다. 템플 그랜딘의 어머니는 그 의견을 무시하지만, 이런 자신감 있는 태도를 보일 수 있는 어머니는 거의 없다.

돌이켜보면 내가 임상심리 수련을 시작했을 당시, 내가 속해 있던 그룹에는 젊은 사람들이 많았고, 나를 포함해 20대의 젊은이가 많았다. 임상 경험도 인생 경험도 부족하고, 의학이나 심리학 지식도 부족한 젊은이들이 '어머니의 양육 태도'를 운운하는 자체가 이상한 일이다. 그 '이상함'에 생각이 미치지 못했다는 게 지금 와서 생각해보니 놀랍다. 아무튼 어머니의 애정이 부족해 아이가 마음을 닫아버리고, 눈을 마주치지 않으며, 신체 접촉을 거부하고, 말도 하지 않게 된다는 것은 장대한 심리학적 판타지다. 판타지를 창조하는 것은 자유다. 그렇지만 그것으로 자신들의 전문가로서 지위를 확보하고, 판타지 속 세계가 아닌 현실에서 엄연히 살아 있는 사람을 비난했던 역사를 잊어서는 안 된다.

내가 속해 있던 대학원이 의학을 배척하고 심인론에 기우는 경향이 강했던 건, 심리학자로서 자기 정체성을 확립하기 위한 것도 있겠지만, 지도 교수였던 사지 모리오佐治守夫의 개인적 영향이 컸다. 나중에 다른 대학에서 임상심리 수련을 받은 사람들과 알고 지내는 기회가 늘면서 당시 내가 속해 있던 그룹이 다소 극단적이었을지 모른다는 생각이 들었기 때문이다.

  사지 교수가 젊었던 시절에는 아직 대학에 임상심리학을 공부할 수 있는 학부나 학과가 없었다. 제2차 세계대전 후, 미국에서 건너온 임상심리학을 배우고자 하는 학생들 중에는 당시 지바현 이치카와시의 국립정신위생연구소(현재 국립정신신경의료연구센터 정신보건연구소)에서 근무하던 이무라 쓰네로井村恒郎 교수의 지도를 받은 사람이 적지 않았다. 이무라 교수는 교토대학에서 철학을 공부한 후 도쿄대학 의학부를 졸업하고 정신과 의사가 된 수재였다. 이후 일본대학 의학부로 옮겨 정신과 교수로 재직했다. 이무라 교수의 전문 분야는 실어증이었고, 아울러 미국 정신의학에 깊은 관심을 가지고 당시 미국에서 융성했던 가족연구와 심리치료를 도입하는 데 힘썼다. 내가 이무라 교수를 직접 만날 기회는 없었지만, 그토록 의사를 싫어한 사지 교수가 "대단한 사람이다"라고 인정할 정도라면, 정말 대단한 사람일 거라고 생각했던 기억이 아직도 생생하다.

이미 시효도 지났을 테니 사지 교수에게 들었던 에피소드를 하나 소개하려 한다. 국립정신위생연구소 인근에 고쿠후다이 병원이라는 정신병원이 있었는데, 심리학자들도 그곳에서 연구나 수련을 했던 모양이다. 그 무렵, 사지 교수와 동료 몇 명(젊은 의사도 있었을지 모른다)이 수련차 환자로 가장해 병동에 입원했다. 병원의 의료진들이 그 사실을 알았는지 어쨌는지는 기억나지 않지만, 같은 병실에 입원한 다른 환자들은 몰랐다고 한다. 그런데 사지 교수는 한 병실에 있던 환자에게서 이런저런 이야기를 듣고 '정신과 의사는 정말 아무것도 모른다'는 사실을 통감했다고 한다. 한 가지 기억나는 것은, 의사가 환청이 있느냐고 물었을 때 "있습니다"라고 답하면 병이 다 낫지 않은 게 되고, "없습니다"라고 답하면 환자 자신이 병에 걸렸다는 자각(병식)이 없는 게 된다는 거였다. "어쨌든 의사는 자기 생각대로 판단하는 거지." 사지 교수는 괴로운 표정으로 말했다.

당시 대학원에 갓 입학한 나는 사지 교수의 말을 듣고 분개했다. 그런데 생각해보면, 이런 대화는 심리치료에서도 마찬가지다. 치료자가 진단 내용을 환자가 부정하면 (무의식적으로) '저항하고 있다', '부인하고 있다'라고 여기고, 수용하면 '역시 진단 결과가 맞다'라고 여기는 것과 같은 논리다. 심리치료에서도 비슷한 일이 일어나고 있다고 할 수 있다. 그렇다면 그런 구조는 의학이냐 심리학이냐가 아니라 치료자와 환자 사이의 권력관계라는 측면에서 바라보는 것이 바람직할 것이다.

이러한 입원체험과 같은 수련은 현재의 상식에서는 환자의 권리를 침해하는 것이어서 도저히 용납될 수 없다. 하지만 이런 경험은 임상 수련으로서 분명 도움이 된다. 아사히신문의 한 기자가 한 사립정신병원에 환자로 위장 입원해 쓴 르포가 정신의료 방식에 큰 파문을 일으킨 것은 사지 교수의 이 입원체험으로부터 약 20년 후의 일이다. (이 르포 기법도 지금에 와서 보면 문제가 있다고 할 수 있다.) 사립병원과 국립병원의 차이는 있다 하더라도, 당시의 정신병원 혹은 정신의료가 지금보다 훨씬 더 모순으로 가득 차 있었음은 쉽게 짐작할 수 있다. 그런 상황을 지켜본 젊은 임상심리학자들이 환자의 객관적 병증에 기반하지 않고 의사의 주관적 판단에 따라 진단이 내려지는 정신의학에 비판적이 되었고, 점차 반¥생물학적 태도와 심인론에 경도되는 경향도 강해졌을 것이다. 이에 대해선 충분히 이해가 간다.

그렇다고 과학적 혹은 생물학적 관점으로 접근한다고 해서 잘못이나 실수가 일어나지 않는다고는 결코 말할 수 없다. 예를 들어 전두엽 절제술, 일명 '로보토미'는 오늘날에는 치료 효과도 없고 중대한 부작용을 일으킨다고 해서 대부분의 나라에서 시술이 금지됐지만, 최첨단 과학을 바탕으로 한 치료로 성행하던 시절이 있었다. 개발을 추진한 포르투갈의 신경과 의사 에가스 모니스Egas Moniz는 이 업적으로 1949년에 노벨 생리의학상을 받았다. 내가 깊은 인상을 받은 사례 중 하나는 미국의 정신과 간호사 바버라 J. 캘러웨이Barbara J. Callaway가 쓴 《힐데가드 페플라우—세기의 정신과 간호사》란 책에 한 주립병원에서 시행한 로보토미 시술 장면의 묘사다. 나카이 히사오의 에세이집 《해시계의 그림자》를 읽다가 이 책을 접하게 되어 읽었는데, 상상도 하기 힘든 잔혹하고 처참한 상황이 그려져 있었다.

　의학의 역사는 과오로 가득하다. 지금 시행되는 치료 역시 다음 세대에 비판받을지 모른다. ASD의 심인론이 가져온 부정적인 영향은 내가 마침 심리학과 의학 교육을 받기 시작한 시기에 알게 됐지만, 이러한 예는 일일이 셀 수 없을 정도로 많으리라 생각한다. 살아 있는 사람을 상대로 하는 치료인 만큼 극단으로 흐르지 않도록 경계해야 함을 새삼 느낀다.

ADHD와 마찬가지로 어릴 때는 별다른 징후가 없다가 성인이 되어 ASD 진단을 받는 사람이 있다. 요즘은 ASD로 진단받고 정신과에 다니는 성인 환자도 적지 않다. 왜 이렇게 우리 사회에 ASD로 치료받는 환자가 늘고 있을까.

일본에서 아스퍼거증후군이라는 말은 원래 이해하기 힘든 청소년비행을 이해하기 위한 개념 혹은 키워드로 사용되면서 점차 확산되었다는 사실은 이미 앞에서 언급했다. 지금까지 한 번도 문제를 일으킨 적이 없는 우등생이 갑자기 저지르는 비행, 길을 가다 튀는 차림을 한 사람을 칼로 찌르는 범죄, 도무지 나이에 어울리지 않는 거친 행동, 동기와 목적을 알기 어려운 흉악 범죄 등 이런 반사회적 일탈적 행위의 원인을 규정하는 개념으로서 아스퍼거증후군이라는 말이 우리 사회에 받아들여졌다는 점은 부정할 수 없다. 도저히 이해할 수 없는 수준의 잔혹한 청소년 강력 범죄가 발생하면 우리는 납득할 만한 해명을 필요로 한다. 거기에 아스퍼거증후군이라는 생소한 말이 딱 맞아떨어졌던 건 아닐까.

하지만 조금만 생각해보면 알 수 있듯이, 이해하기 어려운 비행이나 범죄 등이 아스퍼거증후군 환자에 의해 발생한다는 것은 동어반복에 불과할 뿐 아무런 설명이 되지 못한다. 더 솔직히 말하자면 생소한 진단명이 등장해 마치 필연인 것처럼 설명되면 어쩐지 이해가 된 듯한 기분이 드는 것일 뿐이다. 그리고 생각하기를 멈춰버린다. 이해하기 어려운 비행이나 범죄를 저지르는 사람의 심리를 세심하게 분석해서 이해하려는 것이 아니라 진단명을 붙이면 충분하다고 여기는 경향이 생겨난다. 세상 전체가 세심한 이해의 노력을 기피할 수도 있고, 정신의학 내부에서도 ASD 또는 발달장애로 결론짓고 더는 노력하지 않게 되는 경향이 있을 수도 있다.

아스퍼거증후군, 그 상위 개념으로서의 ASD는 그 후 비행이나 범죄의 범위를 넘어 한층 더 넓게 퍼져나갔다. 이해하기 어려운 비행이나 범죄만이 아니라, 이해하기 어려운 말과 행동을 하는 사람, 나아가 보통의 상식에 어긋나는 말과 행동을 하는 사람에게 ASD라는 꼬리표가 붙게 됐다. 학교나 직장 등 공동체에서 정해진 규칙을 어기는 일뿐만 아니라, '명문화되지는 않았지만 상식으로 여기는 전제'에서 벗어난 말과 행동마저 대상이 되어 갔다. 즉 '분위기 파악'이나 '상대의 기분이나 상황에 대한 추론'에 서투른 것도 ASD의 대상이 된다. 이렇게 되면 ASD로 진단받는 사람의 수는 상당히 늘어난다. 이런 추세 속에서 정신과 진찰을 받는 대학생과 사회인 환자들이 늘어갔다. 이때 어린 시절 ASD 경향이 있었는지의 여부는 제대로 따져지지 않고 진단되기 때문에, 환자 수는 더욱더 많아지고 있다.

ASD는 뇌의 기능 장애와 관련이 있는 발달장애이다. 그렇다면 환자 수가 10년, 20년 만에 몇 배가 될 리 없다. 성인 ASD 환자가 증가한 원인은 진단기준의 변화, ASD에 관한 지식의 보급, 정신과 진료의 낮아진 문턱에 따른 것으로 볼 수 있다. 여기서 주의 깊게 봐야 할 것은 원래 일정한 비율로 있던 ASD를 가진 사람들이 현대 사회에서 한층 더 '살기 어려워졌고', 그것이 진료 환자 수의 증가로 이어지고 있을지 모른다는 점이다. 달리 말하면, 결국 사회 속에서 허용됐던 의사소통의 어려움이나 강한 집착이 점점 더 허용되기 어려워지고 있고, 그 때문에 정신과 의사를 찾는 환자도 많아지고 있는지 모른다는 말이다. 이는 우리 사회에 유연성이 사라지고 있다는 뜻일 수도 있고, 사회 규범을 잘 따르지 못하는 사람들을 배제하는 경향이 강해지고 있다는 뜻일 수도 있다. 뒤집어보면 학교나 회사가 여유와 관용을 잃어가고 있다고 말할 수 있을지 모른다. 요컨대 '동조 압력'이 더더욱 강해지고 있어 ASD를 가진 사람들이 병원에서 치료받기를 원하게 된 것인지 모른다.

한편으로 ASD, 특히 경증의 ASD가 화제가 되면서 ASD를 질환이나 장애가 아니라 '개성'이나 '특성'으로 이해하려는 움직임도 활발해졌다. 이는 장애를 개인이 가진 결함으로 보는 '의료적 모델'에서, 사회나 생활환경과의 관계로 장애의 유무나 정도를 정하는 '사회적 모델'로 변화하는 과정에서 나타난 것으로, 장애를 새롭게 정의하려는 움직임과 관련이 있다. 지적 능력이 높은 ASD를 지닌 사람들이 정신과 임상 현장에 등장함에 따라 정신의학 내에서도 '사회적 모델'을 더 잘 이해하게 된 것은 분명하다. ASD가 사회 전반에 퍼져 정신과 임상의 대단히 큰 주제가 된 것은 여러 가지 면에서 의미가 있다. '사회적 모델'은 ASD만이 아니라 정도의 차이는 있어도 정신장애 전반에 적용할 수 있다고 본다.

다시 발달장애와 비행 또는 범죄의 관계의 이야기로 돌아가 보자.

일본에서 ASD에 대한 관심은 청소년 범죄 사건을 계기로, 특히 아스퍼거증후군을 중심으로 2000년대부터 급속히 높아졌다. 아이치현의 남자 고등학생 사건 외에도 '니시테츠 버스하이재킹 사건[*]', '사세보 초등학교 동급생 살인 사건[†]', '레서판다모자 남성 살인 사건[‡]', '나라 세 모자 주택방화 살인 사건[§]', '나고야 여대생 살인 사건[¶]' 등등 살인 사건의 범인이 아스퍼거증후군 진단을 받았다는 보도가 잇따랐다.

ASD를 가진 사람이 불행하게도 범죄를 저질렀을 경우

---

[*] 2000년 한 소년이 익명 커뮤니티 사이트 '2ch'에 범행 예고를 올리고 칼로 버스기사를 위협해 고속버스를 납치한 사건이다.

[†] 2004년 초등학교 6학년 여학생이 같은 반 친구를 흉기로 살해한 사건이다.

[‡] 2001년 레서판다 모양의 모자를 쓴 남성이 여대생을 살해한 사건이다.

[§] 2006년 16세 소년이 집에 불을 질러 새어머니와 의붓동생 둘을 죽게 한 사건이다.

[¶] 2014년 나고야대 여대생이 알고 지내던 노인을 살해한 사건이다.

형사책임능력에 대해서는 여러 논란이 있다. 지금 시점에서는 ASD를 가진 가해자의 책임능력을 인정하는 판결이 많은 듯하지만, 책임무능력을 주장하는 정신과 의사도 적지 않다. 한마디로 ASD라고 해도 그 정도는 저마다 다르고, 지적장애가 함께 있는 사람도 있으므로 일반론으로 말하기는 어렵다. 몇 년 전에는 어느 정신과 의사가 자신의 주장을 세상에 알리기 위해서였는지 책임무능력을 뒷받침하는 감정용 재판 자료를 언론 관계자에게 보여준 일로 체포되는 사건까지 벌어졌다. 강한 집념 같은 것이 느껴지는 사건이었다. 한편 자기 형제를 찔러 죽인 ASD를 가진 피의자에 대해서는 신원보증인이 없고 재범 가능성이 높다는 이유로 구형 이상의 징역형을 요구하는 재판원 재판* 판결이 나온 사례도 있었다.

과거에는 정신병 증상이 없는데도 범행 동기를 납득하기 어려운 범죄를 저지르면, '정성결여(정서결핍)' 정신병질 또는 반사회성 인격장애로 진단되어 완전책임능력이 인정됐다. 하지만 그 정신병질과 인격장애가 ASD로 진단되면 책임무능력으로 판정되는 일이 있다. 대략 30년 전까지는 정신감정에서 ASD로 진단되는 사례는 거의 없었다. ASD가 최근 30년 사이에 출현한 장애로 볼 근거가 없으므로 당연

---

* 한국의 국민참여재판과 유사하다.

히 ASD를 가진 사람은 예전부터 있었을 것이다. ASD에 대한 진단기준이 정신의학계 내에서 점차 정비되고 확대되면서 재판의 결과에도 영향을 미치고 있다. 앞으로 어떻게 전개되어 갈지는 아직 알 수 없다. ASD를 가진 사람들의 책임능력에 관한 논의는 오늘날 사법정신의학의 큰 쟁점임은 틀림없지만, 아직은 다소 혼란스러워 보인다.

마지막으로 내가 아는 한, ASD 또는 아스퍼거증후군을 가진 사람이 범죄를 저지를 확률이 높다는 의학적인 근거는 없을 뿐 아니라, 기이한 범죄나 돌발적 범죄를 저지를 확률이 높다는 근거 또한 없음을 강조하고 싶다.

교도소의 정신과 의사

노인의 병과 죄

의료교도소에서 치매 환자 몇 명을 진찰한 적 있다.

그중 한 명은 알츠하이머성 치매 환자로 기억력 감퇴가
상당히 진행된 상태였다. 제일 곤란했던 건 밥을 다 먹자마
자 "밥 줘!"라고 소리를 지르며 문을 쾅쾅 두드려대는 행동
이었다. 콘크리트로 된 병동에 고함과 소음이 울려 퍼졌다.
당연히 다른 수감자들의 불평이 쏟아진다. 개중에는 그 틈
을 타 "그래, 밥을 더 내놔!"라고 소리치는 사람도 있었다.

일반 병원이라면 이런 환자들을 병실 밖으로 데리고 나
가 산책을 시키면서 기분이 나아지기를 기다린다. 하지만
의료교도소라고 해도 엄연한 교도소여서 쉽게 그런 행동을
할 수 없다. 70대의 왜소한 노인이었지만, 의사가 환자와 둘
이서 산책하는 일은 아무리 높은 담장으로 둘러싸여 있다

해도 허용되지 않았다. 방에서 나오려면 반드시 교관과 동행해야 했다. 이게 늘 문제였는데, 가뜩이나 일손이 부족한 상황이어서 교관에게 부탁하기가 쉽지 않았다. 넘쳐나는 수감자들로 골머리를 앓던 시절의 일이어서 교관들도 인력배치에 애를 먹었을 것이다.

　방에서 나오는 것이 불가능할 때는 교도관이나 의료진이 어르고 달래며 화제를 바꾸려고 노력한다. 그것이 잘될 때도 있지만 잘 안될 때도 많다. 그러면 교도관이 참다못해 "정온실에 격리하세요"라고 말한다. 정온실이란 정신증상을 안정시키기 위해 일시적으로 단독 보호하는 격리실을 말한다. 병동에서 떨어진 격리실에서 지내게 하는 일은 분명 치매환자에게는 바람직하지 않다. 의사로서는 격리하고 싶지 않다. 그러나 고함과 소음이 온 병동에 울려 퍼지고 주변도 소란스러워진다면 어쩔 수 없다. "약을 쓰면 진정되지 않을까요?"라는 질문도 받았지만, 치매 환자를 교도소의 좁은 방에 가둬 두고, 그 흥분을 향정신약으로 적당히 진정시키는 방법을 나는 알 수 없었다. 지금도 모른다. 결국 상당량의 향정신약을 처방하게 되어 과도한 진정작용뿐 아니라 여러 부작용이 나타나게 된다. 비틀거리다가 넘어져 머리를 부딪치거나, 뼈가 부러지거나, 먹고 삼키는 게 어려워져 식사를 제대로 할 수 없게 된다. 이런 경과는 교도소처럼 제약이 많은 환경이 아니더라도 많은 노인병원과 정신병원에서 종종 일어나는 일이다. 본래 사람이 수고를 들여 대응해야 할 부분을 약물로 대체하려다 보면 아무래도 무리가 따른다. 나는 향정신약으로 진정시키기보다 일시적으로 격리하는 편이 오히려 낫다고 생각했다.

그 노인은 무전취식으로 수감되었다. 이전에도 절도와 무전취식으로 수차례 교도소를 들락날락했고, 경범죄라 해도 상습적이 되다 보니 형기가 길어졌다. 이런 경범죄 수감자에 대해서는 아무래도 기록에 상세한 내용이 담기지 않으므로, 이 노인에게 언제쯤 치매가 발병했는지 알 수 없었다. 단지, 지금 나타나는 증상의 진행 상태로 보아 이번에 무전취식으로 수감된 시점에 이미 치매를 앓고 있었다고 생각할 수밖에 없었다. 애초에 이 노인은 자신이 왜 교도소에 있는지조차 모르는 듯했다.

　나는 친한 교도관에게 이렇게 말했다. "이런 분을 교도소에 있게 하는 건 의미가 없어 보입니다. 본인도 주위 사람도 너무 힘듭니다. 어딘가 적절한 시설에서 돌보는 게 좋지 않을까요?" 수감자가 중병에 걸려 회복할 가망이 없고 의료교도소에서도 관리하기 어렵다고 판단되면 형집행정지가 이뤄진다. 가령 암 말기로 여명이 얼마 남지 않은 경우 등이 이에 해당한다. 이유는 모르겠지만, 형집행정지 여부를 판단하는 것은 검사들의 권한이다. 형을 선고하는 사람은 판사인데 왜 이 경우에는 검사가 판단하는지 의아하지만, 어쨌든 그렇게 정해져 있다. 다만 검사는 보통 자신이 기소하고 구형한 피고인의 수감 이후의 경과까지는 파악하고 있지 않다. 어지간한 중대 사건의 피고인이 아니고서는 검사가 관심을 가지는 경우는 잘 없다. 그래서 교도소 측에서 검사에게 정보를 제공해 수감의 의미가 없다는 것을 알려야 한다. 하지만 교도소 입장에서는 이것이 더 어렵다. 현장이 아무리 곤란한 상황에 처해 있어도 검사들로부터 호의적인 대답을 들어본 적이 없었다.

이 노인을 교도소에서 의료시설로 옮기려면 어려움이 또 하나 있었다. 비용 문제다. 교도소는 국가 시설이므로 하나부터 열까지 모두 무상이다. 그러나 의료시설은 설사 국립이라 해도 무료가 아니다. 무전취식을 하다 들어온 치매 노인의 의료비를 누가 부담하겠는가. 가족에게 상당한 경제력이 있는 경우를 제외하면 부담할 사람을 찾기가 어렵다.

기초생활보장 수급이 가능하다면 여러 가지 문제를 해결할 수 있는데, 이 노인의 경우 어딘가의 지자체와 교섭하게된다. 교도소의 담당직원이 열심히 여러 곳에 접촉을 시도해도 '지금 지내는 교도소에서 잘 맡아달라'고 부드럽게 거절당하는 일도 적지 않았다. 그렇다고 해서 교도소 소재의 지자체가 그 교도소에서 출소하는 모든 노인과 장애인의 기초생활보장 수급을 인정한다면, 그 지자체로서는 경제적

교도소의 정신과 의사

부담이 너무 커진다. 정작 수감자 본인이 단호히 거부하는 경우도 있어 출소 후 기초생활보장제도를 통해 지원하기도 쉽지 않다.

결국 이 노인은 자신의 방과 정온실(격리실)을 왔다 갔다 하다 만기를 맞이했다.

또 한 명 기억에 남은 사람은 50대 후반의 남성 수감자이다. 기억력 감퇴는 그다지 두드러지지 않았지만, 걸핏하면 화를 내서 자주 교도관과 충돌했다. 이 남성은 50대까지 공장에서 일하며 건실하게 지냈는데, 어느 날 동네에서 낯선 사람과 싸움이 나서 상대를 다치게 하고 말았다. 이 사건 하나로 실형을 선고받았다. 전과가 없는 사람이 폭행으로 실형을 받는 일은 드물지만, 피해자의 부상이 상당히 심하고, 피고인에게서 전혀 반성의 기미가 보이지 않을 뿐만 아니라 신원보증인이 없었던 점 등이 판사의 심증에 부정적인 영향을 끼친 것 같다. 아마 어디까지나 추측이지만, 국선 변호사와도 갈등만 빚었을 뿐 제대로 된 변호를 받지 못한 게 아닌가 싶다.

이 남성은 교도소에서도 다른 수감자나 교도관들과도 충돌을 거듭하다 끝내 의료교도소로 송치되어왔다. 일반 교도소에서는 이 남성에 대한 적절한 처우가 불가능하다고 판단해 두 손을 든 탓이다. 만나서 이야기를 해보니 확실히 화를 잘 냈다. 교도관 지도에도 반발만 했다. 주의 깊게 문진을 하다 보니 경미하지만 인지기능에도 문제가 있음을 알수 있었다. 전두측두엽 치매를 의심해 뇌 CT를 찍었더니 역시 전두엽의 위축이 확인됐다. 예전에 피크병이라고 불렸던 전두측두엽 치매는 기억력 감퇴로 대표되는 인지기능저하보다 감정이나 행동에 변화가 먼저 나타난다.

이 남성은 다행히 아직 젊고 체력이 되다 보니 소량의 향정신약에 잘 반응해 얌전해졌다. 교도관들에게 병에 대해 설명하고 정면으로 부딪치지 않도록 설득한 덕에 이 남성은 그럭저럭 교도소 생활을 할 수 있게 됐다.

이 밖에도 몇몇 치매 수감자를 진찰했는데, 당시 의료교도소에는 중증의 조현병, ASD, 인격장애, 약물성 정신장애, 섭식장애 등의 환자가 많아 매일 대응에 쫓기고 있었다. 노인이나 치매를 앓는 수감자가 내 관심의 대상이 된 것은 좀 더 나중의 일이다.

나는 50대 초반에 의료교도소를 그만두고, 모교의 의과대학 교원이 됐다. 부임하자마자 내가 재학 당시 강의를 들었던 선배 교수로부터 대학이 대규모 연구비를 지원받아 '마을치매상담센터'를 개설했으니 그곳을 담당해보라는 말을 들었다. 대선배의 지시이니 거절할 도리가 없었다. 어떻게 돌아가는지 잘 모르는 상태에서 센터 일도 맡게 됐다. 진료 경험이 별로 없었던 노인들도 내가 보살펴야 할 환자가 되었다. 이 센터 일을 겸하고 있다는 이유만으로, 노인들이 외래 진료를 받으러 오고 학교 안팎에서 강연 의뢰가 들어 오고 하면서 졸지에 노인성 치매에 관한 공부를 할 수밖에 없었다. 막상 공부를 해보니 노인 문제가 일본 사회의 가장 큰 문제 중 하나임을 알 수 있었다. 또 정신과의 임상에서도 실은 향후의 중요한 주제라는 사실도 알게 됐다. 연구비 지원 덕분에 국내외 치매 관련 학회에 종종 참석할 수 있었고, 치매노인 돌봄서비스에 앞선 노력을 기울이는 일본 지역단체나 중국, 스웨덴 등 해외의 치매 관련 의료 환경을 시찰할 기회도 있었다.

바로 그 무렵, 한 지인으로부터 비상근이라도 좋으니 교도소에 나와줄 수 없냐는 부탁을 받았다. 나는 제안을 받아들여 매달 정기적으로 그 교도소를 찾았다. 그동안 나는 초범인 성인 남성만 수감하는 교도소를 비롯해 여러 교도소와 구치소에서 수많은 수감자를 만나고 진찰했지만, 이곳에서의 내 의료 경력이 늘수록 나이 든 수감자가 많다는 사실을 깨달았다. 이는 내가 대학에서 노인 대상 진료를 겸하게 되면서 나의 관심이 자연스럽게 노인에게 향하게 된 것과도 관련이 있을 것이다. 범죄백서 등 자료에 따르면 전체 수감자 중 노인 비율이 급증하고 있음을 알 수 있었다.

대략 1990년~2000년 사이 내가 교정시설에서 상근의사로 일하던 시기에는 어느 시설이든 과밀수용으로 골머리를 앓고 있었다. 의료소년원이나 의료교도소에서 근무하다 보면 다른 시설로 진료 지원을 하러 가는 일도 잦았다. 나는 호기심이 많아서 다른 곳에 가는 것을 꺼리지 않았기 때문에 의뢰가 들어오는 대로 여러 시설을 돌아다니며 진찰을 했다. 어느 소년교도소에 갔을 때, 5평쯤 되는 방에서 소년 두 명이 생활하는 것을 보고 깜짝 놀랐다. 이래서야 싸움이 안 날 수 없겠다 싶었다. 누구라도 그런 좁은 곳에 둘이 갇혀 있으면 답답하고 짜증이 날 게 뻔했다. 교도관에게 상황을 물어보니 아니나 다를까 말싸움이나 다툼이 끊이질 않는다고 했다.

그 후 몇 년이 지나 내가 대학의 교원이 되고 그러면서 교도소에서 비상근의사로 일하기 시작한 무렵이었을까. 수감자의 수가 급격히 줄어들기 시작했다. 애초에 경찰에 검거되는 인원이 줄고 있었다. 특히 젊은 세대의 감소가 두드러졌다. 이유는 잘 모르겠다. 경제 지표가 호전되고 있는 사회 상황과 관련이 있을지 몰라도, 경제적 격차는 오히려 확대되고 있다는 목소리도 적지 않다. 지난 십수 년간 경기가 좋아지고 있다는데 국민은 실감하지 못한다는 이야기도 제법 들린다. 몇몇 법조 관계자에게 물어봤지만, 확실한 답은 하지 않았다. 거리 곳곳에 CCTV가 설치되어 있는 데다 사건이 발생하면 그 영상이 곧바로 TV에서 흘러나오는 것이

교도소의 정신과 의사

영향을 미쳤을 거라는 말을 들었다. 또 학교나 사회에 적응하지 못하는 젊은이들이 과거에는 폭주족이 되어 거리를 몰려다니거나, 무리를 지어 번화가에서 떠들어대는 경우가 많았지만, 요즘은 대체로 집에만 틀어박혀 게임을 하게 됐다는 이야기도 있었다.

한편, 노인의 경우 검거자, 수감자의 수가 모두 증가하고 있다. 왜 그럴까. 확실히 내가 진찰하며 만나는 사람도 대다수가 노인이다. 노인 수감자가 증가하는 배경에는 몇 가지 설이 있으나 대체로 '노인의 사회적 고립', '경제적 빈곤'이 주된 원인이라는 데는 의견이 일치한다. 여기에 더해, 진찰을 해보면 인지기능저하 역시 관계가 있지 않을까 생각했다. 노인이니 당연한 일이기는 하나, 병원 외래에서 만나는 노인들보다 나이에 비해 확실히 말이 어눌했다. 그래서 나는 65세 이상 노인을 진찰할 때는 간이 인지기능검사를 하기로 했다. 그랬더니 기준보다 낮은 수치들이 꽤 나왔다. 일반 의료시설이라면 여기서 더 자세한 심리검사를 하고 영상진단을 하게 될 것이다. 그러나 교도소에서는 그렇게 하지 못한다. 더욱이 이와 같은 간이 인지기능검사는 원래 학력 등의 영향을 받는 것으로 알려져 있다. 좀더 종합적인 조사가 이뤄지지 않고서는 아무것도 단언할 수 없다. 노인 수감자의 간이 인지기능검사 수치가 낮은 데에는 노화에 따른 인지기능 저하뿐만 아니라 원래 지적 능력이나 학력이 낮은 것이 영향을 미쳤을지 모른다. 나는 교도소장에게 65세 이상 노인의 인지기능조사를 계통적으로 해보고 싶다고 부탁했다. 소장은 노인 수감자에 대한 처우는 큰 문제이니 이번 기회에 해보자며 흔쾌히 허락했다. 그래서 진료 시 수감자들의 동의를 얻어 65세 이상 수감자에게 간이 인지기능검사를 실시하고 학력, 경력, 범죄경력 등 개인 이력과 비교했다. 이 조사는 내가 대학을 퇴직하고 교도소의 비상근 의사를 그만둘 때까지 약 10년간 계속됐다.

한 노인 수감자는 내게 자신이 교도소에 들어오기까지 어떻게 살아왔는지를 들려줬다. 중학교 졸업 후 집단 취직*의 형태로 도쿄 변두리의 작은 공장에 취직했다. 요령은 별로 없었지만, 열심히 일했다. 결혼은 하지 않았다. 술을 좋아했지만, 회사를 이유 없이 쉰 적은 없다. 쉰을 넘겼을 무렵, 갑자기 회사로부터 더 이상 나오지 않아도 된다는 말을 들었다. 잘린 것 같다. 얼마 동안은 일용직으로 일하며 약간의 벌어놓은 돈으로 버틸 수 있었지만, 결국 집세를 못 내 아파트에서 쫓겨났다. 예순쯤에 노숙자가 됐다. 같이 지내던 노숙자의 소개로 한동안 일용직으로 일하거나 배식하는 일을 하며 지냈다. 그러다 이윽고 달리 어떻게 할 도리가 없어 슈

---

* 일본의 고도성장기의 고용 형태 중 하나로 지방의 중학교, 고등학교 신규 졸업자들이 대도시의 기업이나 점포에 집단으로 취직하는 것을 말한다.

퍼마켓에서 물건을 훔쳤다. 그러기를 몇 번 반복하다 주인에게 들켜 경찰에 넘겨졌다. 경찰은 훈방 조치해 돌려보냈지만, 또 좀도둑질을 하다 구류됐다. 신원보증인도 없었기 때문에 송치되어 집행유예 판결을 받았다. 반성은 했을지 몰라도 먹고살 길이 막막해 또다시 도둑질을 하다가 체포됐다. 집행유예되었던 형이 합산되어 징역 3년의 실형을 선고받고 교도소로 왔다. 예순다섯이 되어 있었다.

순박하고 말수가 적은 사람으로 반사회적 성향은 보이지 않았다. 체포된 후 법무성 산하 단체에서 측정한 집단능력검사*에서는 추정 지능지수가 45였다. 이 집단능력검사에 대해서는 여러 가지 평가가 나오지만, 어쨌든 지적 능력이 높다고는 할 수 없었다.

저학력에 지적 능력이 그다지 높지 않은 사람이 공장 등에서 일한다고 해보자. 자기 나름대로 성실하게 일해도 급여가 그리 높지 않아 충분한 노후 자금을 모을 수가 없다. 게다가 50대 정도가 되면 특정 기술이 없는 한 실직의 위험도 크다. 중소기업과 동네 공장은 임금이 오른 중장년의 고용을 유지하기가 힘들지 모른다. 직장을 잃으면 생활이 어려워지고, 그때까지 맺고 있던 인간관계를 잃는 경우도 허다하

---

* 일본교정협회에서 개발한 교정협회심리검사 평가지수(CAPAS)를 가리킨다. CAPAS는 수감자의 지적 능력을 검사하는 도구로, 이 검사 결과를 통해 IQ 수치를 추정한다. 능력검사방식은 집단과 개인 두 가지로 나뉜다.

다. 얼마간 모아둔 돈으로 생활한다 해도, 그것이 바닥나면 집세를 낼 여력이 없어 노숙자가 될 수밖에 없다. 이윽고 도둑질이나 무전취식을 하다 경찰 신세를 지게 된다.

전체 노인 인구 중에서 교도소에 오는 사람은 일부이므로, 당연한 말이겠지만 개인의 책임이 없다고는 할 수 없다. 다만, 나는 이런 이야기를 들을 때마다 씁쓸한 기분이 든다. 이런 사람들은 누군가가 도와주지 않으면 기초생활보장 신청조차 할 수가 없다. 신청했지만 창구에서 거절당했다는 수감자도 있었다. 그 결과 교도소가 사회안전망 역할을 하게 됐다.

또 노인 수감자 문제는 여자교도소의 상황이 조금 더 심각하다는 사실을 덧붙여두고 싶다. 여자교도소의 고령화는 매우 두드러진다. 다만 나는 여자교도소에서 진찰할 기회가 없었기 때문에 남성의 경우와 사정이 비슷한지, 특별한 다른 사정이 있는지는 확실하게 알지 못한다.

해외의 사정은 어떨까. 비교할 만한 대상을 찾자면, 아무래도 사회문화적 상황에 공통점이 많은 서구문화권이다. 당시 미국의 인구는 일본의 약 두 배지만, 수감자 수는 약 2백만 명으로 인구 대비로 봤을 때 일본의 20~30배에 달했다. 따라서 이는 비교의 대상이 되지 못한다. 유럽으로 눈을 돌리자 교도소의 고령화를 주제로 한 논문을 많지는 않아도 몇

편 발견할 수 있었다. 잘 정리된 논문이 책으로 출판된 나라는 영국(잉글랜드 및 웨일스)이었다. 의학계에서 권위 있는 잡지로 꼽히는 영국의학저널(BMJ)에 2012년에 게재된 논문으로, 저자는 정신과 의사였다. 영국에서는 원래 60세 이상 노인 수감자가 전체 수감자의 1%였는데, 최근 몇 년 사이 배로 늘어 2%가 된 것을 문제로 보고 있었다. 당시 일본의 노인 수감자 비율은 10%가 넘는다. 일본에서는 65세 이상을 노인으로 간주하므로, 60세를 기준으로 하면 노인 수감자 비율은 더 늘어날 것이다. 60세 이상 노인 수감자가 전체 수감자의 2%을 차지했다는 점을 논문의 주제로 삼은 것 자체가 기준이 다르다. 논문에 따르면 성범죄, 약물범죄, 폭행 등이 노인 범죄의 다수를 차지했고, 절도 같은 경범죄로 수감되는 사람은 거의 없는 듯했다. 또 노인을 수감하는 것은 윤리적으로 문제가 있다고 지적한 논문도 있었다. 이것이 옳은가 그른가를 떠나 영국의 높은 인권 의식을 느낄 수 있는 대목이다.

이 연구를 하는 과정에서, 유럽의 교도소 사정을 조사하고 있는 여러 연구자의 도움으로 독일, 프랑스, 스위스 등의 데이터도 파악할 수 있었다. 어느 나라에서든 거의 예외 없이 노인 수감자의 수는 증가 추세이지만, 일본만큼 수감자의 고령화율이 높은 나라는 없었고, 절도 같은 가벼운 죄로 노인을 구속하는 나라도 없었다. 핀란드 헬싱키에서 사법정신의학을 전문으로 하는 정신과 의사와 이야기를 나눌 기회가 있었는데, 노인 인구가 많아질수록 수감자 역시 고령화되는 게 당연하지 않겠느냐는 의견이어서, 일본의 특수성에 대한 이해를 구하기 어려웠다.

앞에서도 언급했듯이, 미국은 수감자 수가 지나치게 많아 비교 대상이 되지 않지만, 미국에서도 노인 수감자의 증가는 문제시되고 있다. 하지만 여기에는 노인 수감자의 수용 비용 문제가 논지의 중심에 있었다. 심지어 잡지에서도 젊은 수감자보다 몇 배나 많은 비용이 노인 수감자에게 든다는 내용을 다루고 있었다. 이런 측면의 논조도 문화 차이를 보여주는 듯해 흥미로웠다.

그런데 노인 수감자 중에는 절도나 무전취식 같은 경범죄뿐만 아니라 살인, 살인미수, 상해치사 등 중대범죄를 저지르고 교도소에 오는 사람들도 있었다. 일본의 교도소는 수감자가 저지른 범죄의 성격에 따라 분류되는데, 이 교도소에는 초범인 남성들만 모여 있었다. 평생을 범법행위와는 거리를 두고 살다가 나이 들어 처음으로 그런 중대범죄를 저지르는 사람은 과연 어떤 사람들일까 관심이 갔다. 결론부터 말하자면, 대부분 가족을 상대로 한 범죄였고, 간병 끝에 벌어진 범죄였다.

한 수감자는 아내와 아픈 아이를 살해하고 교도소에 왔

다고 했다. 아이는 오랫동안 정신질환을 앓아왔고 자립생활은 기대할 수 없었다. 부부가 함께 간병하고 있었는데 아내가 병에 걸렸다. 장래를 비관해 동반 자살을 기도했지만, 자신은 죽지 못하고 살인죄로 수용되어 있었다. 그는 하루하루 묵묵히 교도 작업에 임했지만, 아무하고도 대화를 나누려 하지 않고 어두운 표정을 짓고 있었다. 몸무게가 조금씩 빠지자 교도관이 걱정하며 진찰을 받아보라고 권했다. 본인은 내켜 하지 않았지만 교도관의 권유를 거부하는 사람은 아니었다. 진찰을 받는 모습에서 이 사람이 자신의 행위를 후회하고 있으며 죽고 싶어 하는 마음을 읽을 수 있었다. 죽고 싶은 마음이 드냐고 단도직입으로 묻자, "교도소에 누를 끼치지는 않겠습니다"라고만 답했다. 교도소에서 자살 기도는 규칙 위반이자 징벌의 대상이 되는 행위이다. 자살 시도가 징벌 대상이 되는 게 이상하지 않냐고 가까이 지내는 교도관에게 물어봤더니, 그의 대답은 이랬다. "진심으로 죽을 생각도 없으면서, 작업에서 빠지고 싶거나 관심을 끌려고 자살 시늉을 하는 사람이 많아서 어쩔 수 없습니다. 개중에는 교도관을 비난하거나 괴롭힐 목적으로 그러는 사람도 있어요." 확실히 그렇게 생각할 만한 행위는 종종 볼 수 있었다. 다만, 복역 중에 우울증에 걸려 자살을 시도하는 사람이 있는 것 또한 사실이다. 그런 부분에 대해 질문하자, 교도관은 바로 대답했다. "진심이라는 판단이 서면 의사의 진단을 근거로 징벌은 하지 않습니다." 일단 수긍은 했지만, 진심인지 아닌지를 구분하는 기준이 불분명해 판단하기 쉽지 않은 사례도 분명히 있을 것 같았다.

이 수감자는 불면증에도 시달리고 있었는데, 치료는 한사코 거부했다. 죄책감 때문에 치료를 거부하는 것 같았다. 결국 설득하는 데 1년 이상 걸렸지만, 소량의 약을 복용하면서부터 혈색이 돌아왔고 체중 감소도 멈췄다. 살인죄이지만, 정상 참작되어 비교적 낮은 형량을 선고받았고 교도소에 온 이후에는 성실하게 교도 작업을 해나갔다. 하지만 출소하고 나서 자살하지 않을까 하는 우려가 내 머릿속에서 떠나지 않았다. 마지막으로 진찰할 때는 깊이 고개를 숙이며 내게 감사 인사를 했다. 지금 어떻게 지내고 있을까.

또 다른 수감자는 곧 여든을 바라보는 나이의 남성이었다. 알츠하이머병, 즉 노인성 치매를 앓고 있던 아내를 살해한 죄로 수감되었다. 5년이 넘는 간병 생활이 불러온 비극이었다. 아내는 기억력 저하뿐만 아니라 배회, 폭언, 폭력 등 행동심리증상(BPSD)도 심했던 모양이다. 이들 부부에게는 두 자녀가 있었고, 각각 독립해서 안정된 삶을 살고 있었다. 진찰을 해보고 바로 알았는데, 이 남성 역시 경증이기는 해도 치매를 앓고 있었다. 그러니까 치매를 앓는 아내를 보살피던 남편 역시 치매에 걸렸고, 이에 앞날을 비관하여 동반 자살을 꾀했으나 자신만 살아남아 살인죄로 체포, 기소되어 징역 5년의 실형을 선고받은 상태다.

그는 재판 과정에서 정신감정을 받았고, 그 결과 알츠하이머병이라는 진단을 받았다. 판사 역시 남성이 알츠하이머병을 앓고 있다는 것을 인정했다. 그렇기는 해도 판단력이 전혀 없었다고는 할 수 없어 심신미약, 곧 한정책임능력을 인정해 실형을 선고했다. 징역 5년이라면 살인죄치고는 형량이 낮게 나온 편인데, 판사도 정신감정 결과를 존중하여 판결을 내린 듯보였다. 다만 판결문을 보면, 징역 5년에 처한다는 주문에 이어 피고는 자신의 행위에 대해 깊이 반성하고 있어 등등의 여느 판결 때와 다름없는 말이 이어지고 있어 다소 위화감을 느낄 수밖에 없었다. 남성이 알츠하이머병에 걸린 이상 병은 확실히 진행되어간다. 교도소 생활이 치매의 진행을 현저히 앞당기는지에 대해서는 논란의 여지가 있지만, 적어도 이상적인 환경이 아닌 것만은 분명하다. 몇 년이 지나면 남성은 자신의 행위를 반성하기는커녕 자신이 교도소에 있다는 사실조차 모르게 될 가능성이 있다. 이 판결문에 의미가 있을까.

나는 당시 친분이 있는 몇몇 법조 관계자에게 이 사례를 어떻게 생각하느냐고 물어보았다. 판사와 검사의 의견은 "타당한 판결이었다", "어쩔 수 없다"였다. 범행 시점에 치매 증상이 경미하고 판단능력이 있었다면 그런 구형과 판결을 내릴 수밖에 없다는 얘기였다.

확실히 심신상실(책임무능력)이나 심신미약(한정책임능력)을 규정한 형법 제39조는 어디까지나 범죄행위가 일어난 시점의 정신상태를 평가하게 되어 있다.

다만 정신질환이라 해도, 조현병이나 약물성 정신장애 등과 같이 범행 시점에는 강한 정신증상이 나타났더라도 치료하면 개선될 가능성이 있는 정신장애와, 치매처럼 현재 시점에 특별한 치료방법이 없어 진행을 막을 수 없는 정신장애는 사정이 다르다. 교도소에 수감해 신체를 구속하고 반성을 촉구하는 것은 전혀 현실적이지 않다. 형식적으로는 옳을지 몰라도 실질적인 의의는 없지 않을까. 법률의 논리와 의료의 논리는 정말 다르다는 것을 절실히 깨달았다.

일본의 법률에서 정신장애가 의심되는 피의자에 대한 처우는 교도소로 보내지느냐 의료기관으로 보내지느냐에 따라 확연히 달라진다. 이케다 초등학교 사건을 계기로 2003년 '의료관찰법'이 제정되어 정신장애가 있는 범죄자가 특별한 시설에서 치료를 받는 구조가 마련됐다. 다만 이 법률의 대상은 심신상실(책임무능력)로 인정된 사람이나, 한정책임능력으로 집행유예 선고를 받은 사람, 즉 교도소로 보내지지 않는 사람들이다. 일단 교도소에 들어가면 아무리 정신장애가 악화되어도 교도소를 나와 의료시설로 옮겨지는 일은 거의 없다. 앞에서도 언급했지만 치료를 통해 개선될 가망이 있는 병이라면 몰라도, 치매처럼 현재 시점에서 치료를 해도 회복될 가능성이 없는 병에 걸린 환자를 교도소에 가둬두는 일은 아무리 생각해도 합리적이지 못하다. 의료나 복지의 중심으로 방향을 전환하는 것이 바람직하다고 생각한다.

내가 노인 수감자 문제에 대해 조사하고 몇 편의 논문을 쓴 이유는, 치매 수감자의 문제를 계기로 정신장애 수감자의 의료·복지 서비스에 대한 논의가 본격화되기를 바랐기 때문이다. 이런 내 생각을 법조 관계자에게도 말해봤지만, 아쉽게도 강한 지지는 얻지 못했다. 그만큼 장벽이 높다는 뜻이다.

나는 치매 환자를 교도소에서 처우하는 것은 여러 가지 면에서 불합리하다는 생각을 떨칠 수가 없는데, 과연 어떨까. 덧붙여 경제적인 문제는 사안의 본질에서 벗어나겠지만, 교도소에서 노인을 처우하는 데 드는 비용은 기초생활수급비와 비교해도 결코 적지 않다고 주장하는 경제학자(나카지마 다카노부中島隆信의 《교도소의 경제학》 참조)도 있다는 사실을 덧붙여두고 싶다.

핀란드의 교도소

일본의 교정의료에 종사하면서 나는 자연스럽게 노인 수감자 문제에 관심을 갖게 되었다. 이에 관한 연구를 해나가는 사이 여러 나라, 그중에서도 서구의 사정을 알고 싶어졌다. 해외 논문을 읽어보면, 서구에서도 교도소 내 노인 수감자 증가가 문제로 지적되고 있음을 알 수 있었다. 다만 증가율에는 상당한 차이가 있다. 일본의 경우 범죄자의 수가 1990년대부터 급증하여 한동안 교도소에서의 과밀수용이 이어지다가, 2010년대에 들어 감소하기 시작했다. 특히 청소년을 비롯한 20~30대 수감자 수가 줄어들고 있다. 왜 그런지는 확정된 정설이 없다. 앞에서 언급했듯이, 법조 관계자들에게 물어봐도 명쾌한 답은 없었다. 거리 곳곳에 CCTV가 설치되고, 범행 현장 영상이 TV에도 흘러나오는 것이 범죄 예방 효과를 가져왔다는 의견은 있다. 또 하나, 사회에 적응하지 못해 고민하는 젊은이가 과거에는 폭주족으로 대표되듯 반항하거나 말썽을 피우며 자신의 불만을 행동으로 표출하는 사례가 많았다면, 요즘은 그 에너지가 사라져 방이나 집 안에서만 은둔 생활을 하기 때문이라는 의견도 있다.

해외, 그중에서도 서구 문화권의 나라들은 어떨까. 미국의 경우 인구는 일본의 약 두 배이지만, 전체 범죄 수감자수는 약 2백만 명에 이르러 5~6만 명 정도 되는 일본의 경우와 비교하기가 어렵다. 이 나라는 교도소에 가는 것에 아무런 두려움이 없는지 궁금해질 정도다. 비교를 한다면 유럽 쪽이 좋겠다고 생각했고, 견학을 가기 위한 계획을 세우기로 했다. 이런 종류의 시찰은 종종 있었고, 나도 학회에서해외 시찰 결과 발표를 들은 적이 있다. 대개는 몇 시간가량관계자에게 설명을 듣고 시설을 둘러보았다는 내용이었다. 그런 식의 시찰로 무엇을 어디까지 알 수 있을까 의문을 품은 적도 많았다. 그래서 여러모로 궁리를 하다 치매 케어와관련해 조사차 핀란드에 갔을 때 도움을 받은 에이전트에교도소 견학을 주선해달라고 부탁해보기로 했다. 자세한 사정은 알 수 없지만, 이 에이전트의 대표는 폭넓은 인맥을 가지고 있었다. 그렇게 해서 2017년에 헬싱키 교도소, 2018년에 반타 의료교도소, 바나야 교도소, 케라바 교도소를 견학할 수 있었다. 또 수오멘린나섬에 들어가 개방교도소로 유명한 수오멘린나 교도소에서 수감자들이 섬에서 작업하는 모습을 견학하기도 했다.

헬싱키 교도소는 헬싱키 시내에 있는 폐쇄교도소로, 핀란드의 교도소 중에 가장 규모가 크다. 참고로 핀란드의 교도소는 크게 개방형과 폐쇄형으로 나뉘는데, 그 비율은 대략 일 대 일이다. 개방교도소는 담장이 없고, 수감자는 원칙적으로 출입이 자유로우며, 처우도 이러한 방침에 따라 이뤄지고 있다. 교도소 수감의 목적이 형벌이라기보다는 사회복귀로 이끌기 위한 역할임이 명확히 보였다.

헬싱키 교도소 건물은 아름다운 붉은 벽돌로 지어져 있었다. 일본의 교도소는 대문 앞에 서 있는 경비원이 용건을 확인하고 신분증 제시를 요구하는 경우가 많은데, 헬싱키 교도소의 입구는 출입금지라고 쓰여 있기는 해도 개방되어 있어 건물에 쉽게 접근할 수 있었다. 다만 건물에 대한 경비는 삼엄해서, 우리가 가장 먼저 안내받은 소장실에 도착할 때까지 잠겨 있는 문을 몇 개나 지나야 했다. 이런 부분은 일본의 교도소와 거의 비슷했다.

소장은 쉰 남짓 되어 보이는 남성으로 상냥하게 우리를 맞이해주었지만 어딘가 분주한 모습이었다. 그는 일본 교도소에 노인 수감자가 많다는 사실은 잘 알고 있었다. 우리가 견학할 당시 헬싱키 교도소 수감자의 평균 연령은 38세 정도였고, 최고령은 50대 후반이라고 했다. 소장과 잠시 이야기를 나눈 뒤, 서른쯤 되어 보이는 젊은 교도관에게 안내를 받았다. 이 교도관은 특이한 사람이었다. 우선 머리 모양이 독특했다. 말로 표현하기 힘들지만, 월드컵 축구 대회에서 인기를 끌었던 잉글랜드 대표 선수 데이비드 베컴의 머리 스타일과 비슷하게 양옆을 짧게 깎고 위쪽은 살짝 세워서 가운데로 모았다. 헤어스타일링제 같은 것으로 다듬었는지 전혀 흐트러짐이 없어 감탄스러웠다. 상당히 세련된 사람임을 한눈에 알 수 있었다. 제복 차림도 맵시가 있어 일본 교도관들과는 어딘가 다르다. 단정한 이목구비와 날렵한 몸매의 청년으로 아래팔과 목에 새겨진 타투가 인상적이었다. 서양인의 타투와 일본의 문신은 의미가 상당히 다르겠지만 일본에서는 타투를 새긴 사람은 교도소 직원으로 채용되기 어렵지 않을까. 적어도 제복으로 가려지지 않는 부분에 타투가 있으면 교도소에서 근무하기는 어려울 것이다.

한 작업장에 들어서자 넓고 한적한 공간이 나왔다. 예닐곱 명의 수감자가 두 편으로 나뉘어 작업을 하고 있었다. 한쪽은 서너 명이 모여 일하고 있었지만, 실제로 손을 움직이고 있는 것은 한 사람뿐이고, 나머지는 잡담을 나누며 앉아 있었다. 작업하는 사람은 열심히 무언가를 만들고 있었는데, 다른 사람들이 쉬고 있다고 해서 딱히 불만스러워 보이지는 않았다. 다른 한쪽은 아무것도 하지 않고 작업대 위에 드러누워 있었다. 그중 한 명은 졸고 있었다. 일본 교도소의

　　　　　　　　　　　　교도소의 정신과 의사

작업장과는 완전히 다른 광경이다. 일본의 교도소 작업장은 수십 명의 수감자가 여러 명의 교도관의 감시 아래 한마디도 없이 묵묵히 일을 한다. 멋대로 자리를 뜨거나 말하는 것은 허용되지 않는다. 하물며 작업 중에 조는 일은 용납될 수 없는 일이며, 당장 지도를 받고 징벌을 받을 수도 있다. 교도 작업은 수감자의 의무이고 조는 것은 의무 위반이기 때문이다. 우리가 들어서자 어디선가 이 작업장의 담당자로 보이는 사람이 나타났다. 그 작업장에서 무엇을 만들고 있는지를 설명해주었다. 나는 무심코 "저기에 졸고 있는 사람이 있는데 괜찮습니까?"라고 물었다. 그 담당자는 살짝 얼굴을 찡그리며 "원래는 안 되지요. 오전까지 꽤 바빠서 피곤했던 모양입니다. 오늘은 봐줘야지요"라며 변명하듯 말했다. 그 뒤 우리가 작업장을 나가려는데 등 뒤에서 웃음소리가 났다. 안내해주던 교도관이 "일본에서 온 손님이 졸고 있던 녀석을 보고 웃었다며 자기네들끼리 놀리고 있어요"라고 설명해주었다. 한없이 너그럽다. 일본 교도소에서는 결코 있을 수 없는 광경이었다. 어느 쪽이 옳다, 그르다를 떠나 큰 차이가 있음을 느꼈다.

젊은 교도관과 함께 걸어가며 일본의 사정을 이야기했다. 일본에는 노인 수감자가 많고, 70대 심지어 80대도 있다고 하자, 그는 약간 놀란 듯한 표정으로 말했다. "하기야 핀란드인은 일본인만큼 오래 살지는 않으니까요." 노인 수가 늘어나면서 교도소 내에 사망하는 사람이 나온다. 이는 당연한 일이다. 나도 교도소에서 근무하던 시절 몇 장이나 사망 진단서를 썼다. "이곳의 수감자들은 젊으니 교도소에서 사망하는 경우는 거의 없겠지요?" 하고 내가 묻자, "제가 이 교도소에서 근무한 뒤로(아마 6, 7년) 딱 두 명 있었어요. 둘 다 자살이었죠"라는 답이 돌아왔다. 뜻밖의 대답에 나는 무척 놀랐다. 자살한 사람이 있었다는 사실 때문이 아니다. 일본의 교도소에서도 자살자는 있으며, 가끔 신문에 보도되기도 한다. 죄를 짓고 들어와 사회와 격리된 채 오랫동안 교도소에서 지내는 사이, 자신의 인생에 대해 절망하고 죽음을 선택하는 사람은 동서양을 가리지 않고 있을 것이다. 만약 작심하고 자살을 기도하면 도저히 막을 도리가 없다. 내가 놀란 것은 교도관이 해외에서 온 방문자에게 그 사실을 숨김없이 말한다는 사실이었다. 일본의 교도관이라면 이런 종류의 질문에는 일절 대답하지 않는다. 교도소 내 자살 사건에 대해서는 무조건 함구한다. 교도소에서 자살자가 발생하는 일을 그 교도소의 오점으로 여기기 때문이다. 만약, 외부에서 온 방문자에게 안내해주는 교도관이 "최근 몇 년 사이 우리 교도소에 자살자가 몇 명 있었다"라는 취지의 여담을 했다면(실제로는 있을 수 없겠지만), 그 직원은 아마 징계 처분 대상이 될 것이다. 개방적인 핀란드와 폐쇄적인 일본, 대조적인 것은 처우 방식만이 아니다. 분위기 자체가 다른 것이다.

　한 구역으로 들어서자 대여섯 명의 남성과 젊은 여성 한 명이 눈에 들어왔다. 널찍한 홀 중앙에 놓인 테이블에 둘러앉아 담소를 나누고 있었다. 홀의 좌우로 방과 부엌이 마련되어 있었다. 이곳은 출소를 앞둔 약물 의존자들이 지내는 곳이라고 한다. 젊은 여성은 심리학을 전공하는 학생인데, 이곳에서 자원봉사를 하고 있다고 했다. 참고로 핀란드에서 주로 남용되는 약물은 알코올, 코카인, 마리화나, 암페타민(각성제) 등이다. 근래에는 일본의 교도소에서도 심리기관이나 비상근 임상심리사가 약물 의존 등을 주제로 그룹 워크를 하는 경우가 있는데, 거기에는 교도관이 입회하게 되어 있다. 우리가 들어갔을 때 홀에는 남성 수감자 대여섯 명과 그 젊은 여성밖에 없었다. 감시는 하고 있겠지만 일본과는 상당히 방식이 다르다. 우리가 들어가자 수감자들이 이런저런 말을 걸어왔다. 이 역시 일본에서는 있을 수 없는 일이다. 만약 견학자에게 말을 거는 수감자가 있다면 그 수감자는 바로 징벌을 받을 것이다. 일본의 교도소에서는 수감자와 견학자가 복도에서 마주치면, 일반적으로 수감자는 복도 벽면 쪽으로 몸을 돌려 견학자와 얼굴을 마주하지 않도록 해야 한다. 이는 수감자의 프라이버시를 지키기 위해서이기도 하지만, 동시에 견학자의 얼굴이 노출되지 않도록 하는 배려도 있는 듯싶다. 복도에서 스쳐 지나가는 것만으로 얼굴을 기억할 수 있을지 의문이지만, 일본의 교도소는 그만큼 위험 관리가 철저하다고도 말할 수 있다. 수감자 한 사람이 자꾸만 자기 방을 보여주겠다고 했다. 교도관에게 물어보니 괜찮다고 해서 방 안으로 들어갔다. 벽에는 여성을 모델로 한 포스터가 빼곡히 붙어 있고, 선반에는 통조림과 잡지가 수북이 쌓여 있었다. 다 개인 물품이라고 했다. 이 역시 개인 물품 반입이 엄격히 제한되는 일본의 상식과는 거리가 멀었다.

마지막으로 우리는 교도소 내의 예배당으로 안내받았다. 꽤 멋진 예배당이다. "얼마 전에도 여기서 결혼식이 열렸습니다." 교도관은 말했다. 수감자 중 한 명이 이곳에서 결혼식을 올렸나 보다. 일본에서도 수감 생활 중에 결혼하는 사람이 있지만, 결혼 상대가 교도소로 와서 식을 올리는 경우는 없다. 놀랄 일투성이였다. 제법 긴 시간 동안 세심하게 안내를 받은 우리는 예배당을 끝으로 돌아가려고 했다. 오후 1시쯤 교도소에 도착해 벌써 오후 4시가 다 되어가고 있었다. 그러자 교도관이 오후 5시면 자기도 일이 끝난다며 "다른 일이 없으면, 조금만 더 있다가 같이 나가시죠"라고 했다. 그래서 일본의 교도소 사정 등을 이야기하며 예배당에 30분 정도 더 머문 뒤, 기념 촬영을 하고 교도소를 나섰다. 헬싱키 교도소는 내가 처음으로 견학한 곳이었기 때문인지, 이 젊은 교도관의 언동을 포함해 매우 강렬한 인상을 받았다. 특히 타투를 새긴 멋쟁이 젊은이는 정말이지 민첩하게 움직였고, 또 질문 하나하나에 곰곰이 생각한 뒤 대답했다. 일본 교도관에 비하면 자유롭게 발언하는 것은 틀림없지만, 일정한 기준이 있어 그에 따라 대답하는 눈치였다. 아마도 우수한 교도관으로 앞으로 간부가 될 사람이 아닌가 싶었다. 비용 문제에도 관심이 있는 듯 "수감자 한 명당 하루에 200유로가 듭니다, 그러니까 무의미하게 교도소에 오래 감금하는 건 세금 낭비죠"라고 말했다. 이 교도관의 자유로운 발언에 정말 감탄했다. 직원이 자유롭지 못하면 수감자에게도 개방적 처우가 가능할 리 없다는 당연한 사실을 새삼 깨달았다.

헬싱키 인근에 있는 케라바 교도소는 남성 수감자를 수용하는 개방교도소이다. 넓은 부지 내에 농지가 여기저기 흩어져 있었다. 외부로 나가 일하는 수감자도 많다고 한다. 기본적으로 담이 없고 대문도 출입이 자유로웠다. 소장은 활달한 인상의 여성으로 교도소 부지 내를 안내해주었다. 넓은 부지에 다양한 농작물이 재배되고 있는 점이 인상적이었다. 어느 비닐하우스에 들어서니 초로의 남자가 농작물을 돌보고 있었다. 소장이 인사를 하며 일본에서 온 손님들이라고 하자, 그 직원은 비닐하우스에서 재배 중인 작물들을 하나하나 정성껏 설명해주었다. 솔직히 우리는 넓은 부지를 걸어 다니느라 약간 피곤한 상태였는데, 그 직원이 너무 열정적으로 이야기를 해서 가만히 귀 기울여 듣고 있었다. 그러는 사이 직원은 자신의 교정교육론을 펴기 시작했다. "수감자나 식물이나 마찬가지입니다. 비료와 물과 태양이 필요합니다. 물과 태양은 양이 적절해야 합니다." 소장도 분명히 지친 상태였을 텐데, 중간에 말을 끊지 않고 고개를 끄덕이며 직원이 하는 말을 듣고 있기에 감탄했다.

교도소의 개방 처우에 대해 내가 늘 궁금하게 여기던 점을 물어보았다. 그것은 수감자의 도주이다. "도주하는 사람은 없습니까?" "가끔 있습니다." 소장은 헬싱키 교도소의 교도관처럼 솔직하게 대답해주었다. "일본에서는 교도소에서 수감자가 도주하면 언론에서 대대적으로 다루기 때문에 크게 문제가 되고 교도소가 비판받습니다. 핀란드에선 어떤가요?" 내가 묻자 소장은 이렇게 답했다. "핀란드에서는 그런 일은 없습니다. 물론 도주는 있어서는 안 될 일이지만, 개방적으로 처우하다 보면 어쩔 수 없이 일어나는 일이라고 받아들이는 측면이 있어서, 지역주민이나 언론으로부터도 심한 비판은 받지 않습니다." 문화의 차이라고밖에 말할 수 없다. 이 개방교도소를 견학하러 오기 몇 달 전에 일본에서는 개방 처우를 실시하는 몇 안 되는 교도소 중 한 곳에서 수감자 하나가 도주했다. 그 수감자는 바다를 헤엄쳐 건너 어느 섬에서 빈집 몇 곳을 돌며 이십여 일을 버티다가 체포됐다.

원래 절도죄로 수감된, 폭력성은 없는 수감자였다. 일본의 극히 엄격한 기준에 따라 민간의 작업장에서 일하는 개방 처우의 대상이 됐다(일본에서 이런 종류의 처우를 받을 수 있는 대상자는 당시 약 5~6만 명의 수감자 가운데 수십 명에 불과했다). 도주 기간 중 언론은 연일 대서특필했다. 이 수감자는 비바람을 피하고 음식을 구하기 위해 빈집을 이용했지만, 누군가에게 위해를 가하지는 않았다. 다행히 이 사건과 관련해서 교도소의 개방 처우를 비판하는 보도는 크게 눈에 띄지 않았지만, 연일 뉴스 첫머리를 장식하는 것에는 다소 불편함을 느꼈다. 거의 모든 관심은 도주에 쏠려 있었다. 일본에서 교도소는 교도소를 둘러싼 높은 담만큼이나 사회와 격리된 공간인 것이다.

이런 사정은 치매 케어와 관련해서도 마찬가지였다. 교도소 견학에 앞서 나는 치매 케어와 관련해 조사차 스웨덴과 핀란드를 돌며 시찰했다. 여러 시설을 둘러봤지만 어디에서건 다리나 허리가 상당히 불편해보이는 치매 노인들이 자유롭게 걷고 있었다. 신체를 구속하는 일은 없었고 진정시키기 위한 투약도 최소한으로 절제됐다. "넘어져 다치는 사고는 없습니까? 만약 사고가 생기면 가족에게 항의가 들어오지는 않습니까?"라고 내가 묻자 시설 직원이 이렇게 대답했다. "넘어지는 경우도 있습니다. 그렇지만 가족에게서 항의를 받은 적은 없습니다. 가족에게 상황을 충분히 설명해드렸거든요.” 일본에서는 병원이나 노인요양시설에서 어딘가에 부딪치거나 미끄러져 넘어지는 낙상 사고가 일어나면 종종 가족에게 격렬한 항의를 받는다. 소송으로 번지는 일도 있다. 그 결과, 병원이나 시설은 낙상의 위험을 최소화하기 위해 환자를 침대에 묶어두는 경우도 있다. 신체가 구속되면 환자의 하반신이 약해져 활동성이 떨어지고 인지기능 저하도 빨라진다. 무엇보다 본인은 불쾌하고 괴로울 것이다. 이는 간혹 수감자가 도주하는 사건이 발생할 때마다 교도소의 개방 처우에 비판이 쏠리는 구조와 똑같다. 따라서 인권보다 문제가 생기지 않게 하는 것을 우선하는 경향도 쉽게 사라지지 않는다.

케라바에서 북쪽으로 가면 바나야 교도소가 있다. 여성을 대상으로 하는 개방교도소다. 여성 소장은 우리가 방문하기 몇 주 전에 법무성의 초청으로 일본에 다녀왔다며 각별히 우리 일행을 환영해주었다. 이곳도 역시 담장이 없어 얼핏 봐서는 교도소인지 아닌지 알기 어렵다. 수감자 상당수가 외부로 일을 하러 나간다고 한다. 넓은 부지 안에 산장 같은 건물들이 흩어져 있고, 그곳에서 몇 명씩 공동생활을 하고 있다. 시설을 둘러보던 중에 마침 의무실에서 의사가 진찰하는 모습을 보게 됐다. 내과 의사로 보이는 젊은 여성 의사와 간호사의 대화가 끝나기를 기다렸다가, 주로 어떤 환자들이 찾아오느냐고 물어보았다. 부인과나 내과 질환 말고도 여러 정신장애를 가진 사람들이라고 한다. 우울증, 약물 의존, 섭식장애 등을 꼽았다. 남용 약물은 역시 알코올, 마리화나, 암페타민으로 남성의 경우와 별반 다를 게 없는 듯했다. 정확한 숫자는 확인하지 못했지만, 수감자는 일반인에 비해 정신장애를 앓는 비율이 높다는 게 그 의사의 소견이었다. 이 시설에서 치료가 어려운 사람은 의료교도소나 외부 병원에 입원하게 되는데, 그리 오래 기다리는 일은 없다고 한다.

의무실을 나와 소장에게 일본의 교도소에도 정신장애를 가진 사람이 꽤 많다고 말하자, 소장은 크게 고개를 끄덕였다. 그녀가 견학했던 여자교도소에서는 정신장애인이 한 명도 없다고 설명했지만, "여기저기서 고함이 들렸고, 아무래도 행동이 이상하다 싶은 사람이 있었어요, 정신장애가 아니라고는 생각할 수 없었죠"라며 쓴웃음을 지었다. 확실히 일본의 교도소에는 정신장애로 의심되는 수감자가 많다. 그런데도 제대로 정신장애로 진단받지 못하고 일반 교도소에서 지내게 되는 것이 현실이다.

이 교도소에는 엄마와 아이가 함께 지낼 수 있는 별도의 시설이 있었다. 수감 생활 중에 출산한 수감자는 아이와 이곳에서 함께 생활한다고 한다. 우리가 견학했을 때는 예닐곱 쌍의 모자가 있었다. 각자 지내는 방 말고도 중앙에 큰 홀이 있었고, 간호사 또는 보육사로 보이는 직원이 상주하며 돌봐주는 것 같았다. 수감자 대다수가 유색인종이어서 이민자들일지도 모르겠다고 생각했다. 핀란드에서 이런 시설을 만든 이유는 '아동 인권'을 우선하기 때문이라고 한다. 부모가 범죄자로 수감되어 있다 해도 태어난 아이에게는 부모와 지낼 권리가 있다. 이를 지키지 않으면 안 된다는 생각이 바탕에 깔려 있는 것이다.

의료소년원에서 근무하던 시절, 출산이 임박한 수감자가 있었다. 출산 직전까지는 의료소년원에서 머물렀고 병원에서 출산하고서 며칠 만에 돌아왔다. 아이는 아동양호시설에 맡겨졌다고 들었다. 그 상황을 직접 지켜본 나는 태어난 아이를 안쓰럽게 여기긴 했어도, 그 아이의 '인권'에 대해서는 별다른 생각을 해보지 않았다. 바나야 교도소장의 설명을 듣고 발상의 차이를 크게 느꼈다. 사실 일본에도 이 같은 제도가 있다고 한다. 본격적으로 운용한다면 교도소 내에서의 육아도 어느 정도는 가능할 것이다. 이 사실을 나는 이 견학을 다녀온 후 한 교도관에게 들었다. 하지만 이 제도가 얼마나 실효성 있게 운영되고 있을지는 미지수다. 내게 이 사실을 알려준 교도관 역시 "아이가 교도소에서 자라는 게 꼭 좋다고는 할 수 없지 않을까요?"라는 의견을 밝혔었다. 그의 말은 교도소 환경을 어떻게 조성할 것인가 하는 발상까지 가는 데는 상당한 거리가 있음을 보여준다.

바나야 교도소의 소장은 참 대단한 사람이었다. 교도소

는 어떤 곳이어야 하는지 자신의 신념을 들려주었다. 그중 가장 인상 깊었던 말은 이렇다. "우리의 목표는 모범적인 수감자를 만드는 게 아니라 건전한 시민을 만드는 것입니다." 그녀는 최근에 일본의 교도소를 시찰하면서 여러 가지 생각을 하게 된 게 틀림없다. 나는 꼭 '일본의 교도소는 모범적인 수감자를 만드는 데 혈안이 되어 있다'라는 말을 들은 것만 같았다.

일본의 교도소와 핀란드의 교도소의 차이는 근본적으로는 교도소에 범죄자를 수용하는 목적을 '형벌'로 보느냐, '사회 복귀(좋은 시민 양성)'로 보느냐에 따른 것이다. 일본에서 수감은 '응보'이며, 따라서 범죄자는 지은 죄를 갚기 위해 신체를 구속 받는 것이다. 그런 전제라면 교도소의 여러 가지 규칙은 '당연한 죗값'이라는 논리로 정당화되기 쉽다. 반면에 사회 복귀를 전제로 해서 처우가 이뤄진다면, 현실 사회와 가까운 환경에서 자연스럽게 적응하며 생활할 수 있도록 하는 것이 과제가 된다. 교도소에서만 통용되는 규칙에 매여 있던 사람이 사회로 복귀했을 때 곧바로 적응하기 어렵기 때문이다.

이렇게 말하다 보니, 일본 교도소의 현실을 비판만 하는 셈이 됐는데, 핀란드의 교도소에도 좋은 점만 있는 것은 아닐 것이다. 외부인들에게 자신들만의 장점을 보여주고 싶은 마음은 동서양을 막론하고 똑같지 않을까. 역사와 문화가 다르고 형사사법제도가 다른 이상 단순하게 이상화할 수는 없다.

예를 들어, 일본의 교도소는 폭력단 대책에 항상 세심한 주의를 기울이고 있다. 일본의 폭력단에 해당하는 조직이 핀란드에도 없지는 않지만, 영향력은 극히 적다고 한다. 또 이것은 어느 법무성 관계자에게 들은 말인데, 전쟁 이후의 어느 시기, 폭력단 간의 영역 다툼이 교도소 안으로까지 이어져 운영상 대단한 어려움을 겪었던 적이 있었다고 한다. 그 트라우마가 물샐틈없는 규칙을 만들게 했고, 그것이 오늘날 일본 교도소의 운영에 그림자를 드리우고 있다는 것이다. 강한 반사회적 성향을 띤 수감자와 간병살인을 한 수감자를 획일적으로 처우해서는 안 된다며 비판하기는 쉽지만, 유연하고 다양한 형태의 처우를 하기 위해서는 막대한 예산이 뒷받침되어야 한다. 앞으로의 교도소의 모습은 결국 국민이 어떤 교도소를 원하느냐에 따라 결정될 것이다. 이 말을 마지막으로 덧붙이고 싶다.

교도소의 정신과 의사

왕진이 가르쳐준 것

그리 많지는 않아도 왕진(방문 진료)을 다닌 적이 있다. 지금도 기회가 있으면 가능한 한 왕진을 하려고 한다. 여기서 왕진 경험을 이야기하려는 건 《교도소의 정신과 의사》라는 이 책의 제목에서 벗어나긴 하지만, 의료시설 밖에서의 경험이라는 의미에서 공통점이 있기 때문이다.

내가 처음 환자의 집을 방문한 것은 아직 의사가 되기 전인, 임상심리학을 배우고 있던 대학원 재학 시절의 일이었다. 박사과정 1학년이었으니 임상심리학을 공부한 지는 3년밖에 안 돼서 실질적인 임상 경험이라고 할 만한 것은 거의 없던 시기였다. 어느 날, 내가 속해 있던 대학의 심리상담실로 어떤 가족이 상담을 요청했다. 혼자 사는 아들이 하나 있는데 집에만 틀어박혀 나오지를 않고 연락도 되지 않아 어떻게 사는지 불안하다며 도움을 구했다. 본인은 직접 오지 않고 가족이 와서 상담하는 것은 정신과 진료나 심리 상담에서는 흔한 일이다. 나는 그 후 가족분들을 몇 차례 만나 사정을 들었는데, 무엇을 어떻게 해야 할지 전혀 알 수 없었다. 그러던 어느 면담 중 아들 사는 집에 한번 가봐달라는 부탁을 받았다. "선생님은 아들과 비슷한 또래이니 아들이 마음을 열고 무슨 말을 할지도 모르잖아요." 생판 모르는 사람이 느닷없이 집에 찾아오면 놀라고 위협감도 느낄 것이다. 아무래도 내키지 않아 선뜻 대답을 못하고 미적거렸다. 그러자 그 부모님들이 아들 집에 가서 편지로 미리 전해 두었다고 한다. 본인들이 상담을 받으러 병원에 다니며, 젊은 담당 선생님이 방문해주실 텐데 정 싫으면 안 만나도 된다고 말이다. 아들이 편지를 읽었을 거라 확신할 수 있냐고 묻자, "가끔 편지를 쓰는데 사안에 따라 답장이 올 때도 있어서 읽는 것 같습니다. 선생님, 좀 부탁드리겠습니다. 이제 어떻게 해야 할지 정말 앞이 막막합니다"라며 필사적으로 매달렸다. 지금의 나라면 이 부탁을 거절하겠지만, 새파랗게 젊었던 나는 환자 가족의 기세에 눌려 "그럼 한 번 가보기라도 할까요?"라고 대답해버렸다.

그 청년이 살고 있는 아파트는 우리 집에서 버스를 타고 한 시간 거리에 있었다. 버스 정류장에서 제법 떨어진 불편한 곳에 있었다. 때는 여름으로, 땀을 연신 닦아내며 먼 길

교도소의 정신과 의사

을 걸었던 기억이 있다. 아파트에 도착해 노크를 했다. 안에 사람이 있는 기척이 있었지만 대답은 없었다. 나는 노크를 몇 번 한 뒤 말했다. "가족들한테 들었겠지만 이야기를 나누고 싶어서 왔습니다." 끝내 대답이 없었다. 두 번째 방문 때도 아무 반응이 없어 현관에 메모만 남겨두고 돌아왔다.

아마도 세 번째인가 네 번째 찾아갔을 때 문이 열렸고 나는 집 안으로 들어갔다. 사납고 날카로운 얼굴의 청년이었는데, 머리카락과 수염이 텁수룩하게 자라 있었다. TV가 켜져 있었지만 보고 있었던 것 같지는 않았다. 음식이 썩었는지 역한 냄새가 났다. 가장 놀란 건 창문과 커튼이 모두 닫혀 있고 부엌 창문에 종이가 붙어 있는 것이었다. 여름치고도 푹푹 찌는 무더운 날씨여서 땀이 폭포처럼 쉼 없이 쏟아졌다. 지금으로부터 40년쯤 전이어서 아직 열사병이 큰 화제가 되지 않았을 때였지만, 이런 더위라면 죽을 수도 있겠다 싶을 정도였다. 이상하게도 청년은 땀 한 방울 흘리지 않았고, 그다지 더운 기색도 보이지 않았다. "덥지 않아요?"라고 물어봐도 "괜찮아요"라고만 한다. 가족들에게 상담 요청을 받고 이곳에 오게 됐다는 경위를 설명하고, 왜 집으로 돌아가지 않느냐 등등을 물었으나 확실한 대답을 들을 수 없었다. "TV는 자주 보세요?" "평소엔 무슨 일을 하며 지내세요?" 이런 질문을 했지만, 모두 애매모호한 대답만 돌아왔다. 가끔 이유 없이 미소를 지었다. 조현병을 앓고 있고 집에만 틀어박혀 지내는 청년이라는 것은 경험이 적은 나도 알 수 있었다. 돌아오는 길에 "다시 와도 될까요?"라고 묻자 "이제 됐어요"라고 했다.

가족들에게 나는 청년과 나눈 대화를 들려주며 더는 방문하기 어렵겠다는 말과 의료적 조치가 없으면 나아지지 않을 것 같다는 의견을 전했다. 몇 달 뒤 가족들은 아들의 친구들에게 부탁해 어느 정신병원에 아들을 데려갔다. 청년은 그 자리에서 입원했다.

지금 생각하면 형편없는 방문 진료였다. 우선 청년의 입장에서는 갑작스러운 침범이다. 또 낯선 사람이 혼자 불쑥 찾아왔을 때 젊은 청년이 어떻게 반응할지 모르는 위험도 무시할 수 없다. 무슨 일이 일어나도 이상하지 않다. 지금의 나라면 이런 방문 진료는 절대 하지 않을 테고, 젊은 의사나 임상심리사에게도 허락하지 않을 것이다.

물론 그때의 상태가 지속됐다면 청년은 그 좁은 방에서 탈수로 죽었다 해도 이상할 게 없었다. 그래서 결과적으로 나의 '왕진'은 무의미하지 않았다. 청년에게 심한 상처를 주지도 않았다고 생각한다. 청년은 무사히 입원해 얼마 후 퇴원했다는 이야기를 들었다. 하지만 이 에피소드를 떠올릴 때마다, 내 행동이 얼마나 무모했는지 새삼 깨닫는다.

예전에 환자들과 오제*에 간 적이 있다. 앞서 말한 방문 진료를 했던 해 가을의 일이다. 임상심리 수련의로 갔던 정신병원에서 데이케어†를 받는 환자들이 다 같이 오제로 여행을 가는데 나더러 같이 가자고 권했다. 나는 분명히 병원 직원들도 동행할 거라고 생각해 승낙했다. 오제는 문학부 학생 시절 물파초가 피는 시기에 두어 번 간 적이 있는데, 나도 무척 좋아하는 곳이다. 가을 단풍도 아름다울 것이라 기대가 됐다. 그런데 나중에 직원회의에서 이 오제 여행은 환자가 자발적으로 계획한 것으로, 직원들은 관여하지 않는다는 사실을 알게 됐다. 1박 2일로 산장에서 묵는 여행이어서 더 불안해졌지만, 직원들의 의견은 '본인들 스스로 가겠다고 한 것이니 우리도 따라갈 수밖에 없지 않느냐'는 거였다. 병원에서 퇴원해 데이케어에 다니고 있는 사람들이니, 괜찮을 거라는 분위기였다. 참 태평한 시절이었다.

당일 어떤 경로로 갔는지는 잊어버렸지만, 하토마치 고개에서 동이 트기를 기다렸던 기억이 난다. 하늘이 밝아지자 다 같이 걷기 시작해 오제 습지에 들어섰다. 단풍이 아름다웠다. 널빤지를 이어 붙인 좁은 길을 천천히 걸어 미하라시 십자로에 도착해 한 산장에 짐을 풀었다. 저녁밥을 먹은

---

* 일본의 최대 고원 습지로, 해발 1,500m에 달한다.
† 고령자나 자택 치료 중인 환자가 낮 동안 통원하여 치료 또는 기능 회복 훈련을 받는 것을 말한다.

뒤 나는 너무 피곤했는지 이불을 펴자마자 곯아떨어졌다. 넓은 방에서 우리 일행이 다 같이 잠을 자기로 되어 있었다. 꾸벅꾸벅 졸고 있는데 환자들의 목소리가 설핏 들렸다. "우리와 어울려주느라 피곤들 하시겠지." 정말 따뜻한 눈으로 봐주시는구나 싶었다.

일찍 잠든 탓인지, 아니면 뭔가 낌새를 느꼈는지 나는 한밤중에 눈을 떴다. 모두 곤하게 잠들어 있었다. 그런데 이부자리 하나가 텅 비어 있다. 화장실에 갔을 거라고 생각하고 잠시 기다렸는데 돌아오지 않는다. 어쩔 수 없이 복도로 나가봤다. 그러자 놀랍게도 한 남성이 복도에 주저앉아 무언가 작은 소리로 혼잣말을 하고 있었다. 옆에는 위스키병이 놓여 있어 혼자서 술판을 벌이고 있다는 걸 알 수 있었다. 산장에 묵어본 사람이라면 잘 알겠지만, 산장에서는 밤에 절대 큰소리로 떠들거나 시끄럽게 해서는 안 된다. 어떻게든 방으로 들여보내려 했지만 이미 얼큰하게 취해 내 말이 통하지 않았다. 억지로 들여보내려다 도리어 소란이 생길 수도 있을 것 같아 하는 수 없이 옆에 앉아 같이 있기로 했다. 내가 옆에 앉은 뒤로는 혼잣말을 하지 않고 묵묵히 술만 마셨다. 그러는 동안 내 몸은 점점 차가워졌다. 단풍이 아름다운 시기의 오제는 정말 춥다. 잠옷 대신 트레이닝복을 입었던 듯한데, 점점 더 추위가 뼛속까지 스며들었다. 그 남성은 독주를 마시고 있어서 그런지 추운 기색은 없었다. "춥지 않으세요?"라고 묻자 나에게 말없이 잔을 내밀었다. 내가 취해버리면 안 될 것 같았지만 못 견디게 추워서 딱 한 잔만 마시기로 했다. 몸은 따뜻해졌지만, 긴장해서 그랬는지 취기는 전혀 느껴지지 않았다. 이렇게 얼마나 있었을까. 내게는 꽤 길게 느껴졌지만, 기껏해야 30분 정도였을지 모른다. 잠시 후 그는 술잔을 내려놓고 이제 자러 가자며 방으로 들어가더니 이내 색색 숨소리를 내며 잠이 들었다.

다음 날의 일은 잘 기억나지 않는다. 어떤 경로로 돌아왔는지도 기억에 없다. 아마 기진맥진한 상태였던 듯하다. 밤늦도록 술을 마셨던 남성은 놀랄 만큼 기운차게 걷고 있었다. 무사히 하산했을 때는 마음속 깊이 안도했다. 다만 단풍이 아름다웠던 것만은 지금도 생생하게 기억한다. 나는 그 후로도 가을에 몇 번 오제를 찾았지만, 그때만큼 오제의 단풍에 감동한 적은 없었다.

내가 의사로서 처음 왕진을 한 것은 어쩔 수 없는 상황에 떠밀려서였다. 의사가 된 지 2, 3년째였던 듯싶다. 대학병원에서 수련을 마치고 정신병원의 상근의사가 된 지 얼마 되지 않았을 때의 일이다. 나는 알코올 의존으로 입원한 환자의 담당의가 됐다. 그 만취한 초로의 남성은 딸들의 손에 이끌려 외래를 찾았다. 고학력에 대기업까지 다닌 사람이었지만, 몸에 술만 들어갔다 하면 가족, 특히 아내에게 폭력을 휘둘렀다. 그것이 원인이 되어 아내는 집을 나가버렸다. 딸들은 결혼해 각각 가정을 꾸리고 있었고, 진료를 받으러 왔을 당시 남성은 내가 일하는 병원 근처의 아파트에서 혼자 살고 있었다. 술을 마시고 주위에 피해를 주는 바람에 딸들은 집주인에게서 자주 항의 연락을 받았다. 병원에도 간신히 데리고 왔으니 무슨 일이 있어도 아버지를 입원시켜달라고 애원했다.

신체에 특별한 합병증은 없었고 간기능 장애도 경미했다. 입원하고 며칠 후에는 이렇다 할 이탈 증상 없이 알코올이 빠져나가, 지극히 평범한 초로의 남성으로 돌아왔다. 겸손하고 온화한 성품이었다. 정신증상이라고 할 만한 것은 일절 없었다. 이에 가족들의 동의를 얻어 이 남성을 폐쇄병동에서 개방병동으로 옮겼다. 개방병동은 낮 동안 외부 출입이 자유로워 외출하고 싶으면 언제든 나갈 수 있고, 여차하면 병원을 몰래 빠져나갈 수도 있었다. 그런데도 이 환자는 한마디 불평도 없이 담담하게 지냈다. 나는 이대로 계속 입원시켜두는 게 좋을지 의문이 들었다. 딸들은 좀처럼 아버지를 만나러 오지 않았다. 어쩔 수 없어 전화를 걸어 병원으로 오게 해서 상담을 했더니, 집으로 돌아가면 보나 마나 또 술을 마실 테니 퇴원 조치는 하지 말아달라고 간청했다. 그래도 퇴원을 해야 한다면, 평생 입원이 가능한 병원을 소개해 달라고 했다. 그게 안 되면 자기들 힘으로 어딘가 산골 병원을 찾겠다는 말까지 했다. 그러고선 아버지의 술 문제 때문에 가족 모두가 얼마나 고통에 시달렸는지 모른다며 눈물겹게 호소했다.

조금 곤란해진 나는 알코올 의존 전문병동이나 외래 치료가 가능한 병원을 찾아 전원하는 수밖에 없겠다고 생각했다. 케이스워커*의 도움을 받아 여러 가지로 의논해본 결과, 입원 상태에서의 전원은 어렵고 일단 퇴원한 다음 알코올 의존 전문 외래에서 진료를 받게끔 하는 게 순서임을 알게 됐다. 그런데 이 '일단 퇴원'이라는 첫 단계에서 가족들의 완강한 반대에 부딪혔다. 그렇다 해도 가족 역시 "산골 병원에 평생 입원시키겠다"는 것도 어딘가 마음에 거리꼈는지, 우선은 짧게 외박을 해보고 문제가 없으면 일단 퇴원하고, 그리고 나서 외래에서 전문적인 치료를 받는 것으로 간신히 합의를 봤다. 이렇게 해서 그 환자는 입원한 지 몇 달 만에 1박 2일 일정으로 첫 외박을 나갔다.

외박을 한 다음 날 정오까지 병원으로 돌아올 예정이었다. 그러나 정오가 지나 오후 2시, 3시가 되어도 환자는 돌아오지 않았다. "그러게 말씀드렸잖아요." 삼삼오오 모여 얘기를 나누고 있던 간호사들이 내게 차가운 시선을 던졌다. 알코올 의존 환자를 숱하게 봐온 베테랑 간호사들을 중심

---

* 사회복지 활동 전문가. 정신적, 육체적, 사회적 문제를 안고 있는 개인이나 가족을 대상으로 문제의 해결을 위한 지도 활동을 하는 사람을 말한다.

으로 경험이 적은 의사가 환자에게 속아 넘어갔다며 수군 거리고 있던 모양이다.

어쩔 수 없이 나는 환자의 집을 찾아가기로 했다. 젊은 남성 간호사가 같이 가주었다. 아파트 현관문에는 자물쇠도 걸려 있지 않았다. 현관에 들어서자마자 술 냄새가 진동했다. 집 안은 언제 치웠는지 알 수 없을 정도로 지저분했다. 가구도 별로 없어 황량한 느낌마저 들었다. 자고 있는 그를 깨웠다. 우리를 알아보고는 갑자기 울기 시작했다. 그러고선 "죄송합니다, 죄송합니다"라며 연신 고개를 숙이며 사과했다. 그런가 하면 "이제 다시는 병원 안 가!, 얼른들 가!"라며 격앙된 어조로 맞서기도 했다. 잠시 실랑이를 벌이다가 우리는 작은 몸집의 그 환자를 반강제로 병원으로 데리고 왔다. 그대로 방에 있다가는 탈수로 죽을 수도 있다. 병원으로 돌아가는 길은 왔던 길보다 훨씬 멀었다. 환자는 다시 폐쇄병동으로 돌아갔고, 치료는 다시 시작됐다.

얼마간 시간이 흐른 뒤 알코올이 몸에서 빠져나간 환자는 말했다. "처음부터 술을 마실 생각은 아니었습니다. 그런데 혼자 그 방에 앉아 있다 보니 외로워져서요. 술을 마시는 것 말고는 달리 할 일도 없었고요." 이 말이 어쩐지 실감이 났다. 그의 집을 실제로 봐서 그런지, 그의 마음을 알 것도 같은 기분이 들었다. 외박을 하게 되면 그 시간에 무엇을 할 것인지 환자와 미리 의논하지 않으면 이런 사태를 만들 수

교도소의 정신과 의사

있다는 사실을 통감했다. 술을 끊은 뒤의 시간을 어떻게 보낼지 생각하지 않고 술을 끊는 것은 불가능한 일이다. 이 환자는 케이스워커 덕분에 얼마 안 있어 알코올 의존 전문병동이 있는 병원으로 옮겨갔다.

이 밖에도 정신병원의 폐쇄병동에서 무단으로 탈출한 환자를 다시 데려오기 위해 환자 집으로 간 적이 있다.

만성 조현병 환자로 여성이었다. 이미 여러 차례 입원해 병원 생활에도 익숙했다. 폐쇄병동 환자라고 해도 증상이 안정적일 때는 간호사와 함께 병원 안 정원을 산책하곤 했다. 가능한 한 개방적 처우를 하는 것이 바람직하므로, 의사와 간호사가 상의한 후 간호사의 도움을 받아 정원을 산책하도록 하고 있었다. 평소에는 별다른 문제가 없었는데, 그날은 웬일인지 그 환자가 뛰어서 도망쳤다고 한다. 즉시 담당의사인 내가 병동으로 호출되었고 간호사에게 어떻게 된 일인지 전후 사정을 듣고 논의에 들어갔다. 도망친 이유가 무엇이건 간에 어쨌든 병원으로 돌아오게 해야 했다. 누군가가 찾으러 갈 수밖에 없었는데, 젊은 간호사들은 퇴근 후 어린이집에 아이를 데리러 가야 하는 등의 중요한 용무가 있어, 결국 나와 나이가 꽤 있는 여성 간호사 둘이서 환자의 집을 방문하게 됐다. 다행히 병원에서 가까운 곳이었다.

걸어서 몇 분 만에 도착했다. 낡은 목조 주택이었다. 환자는 집에 있었다. 일단 안심이었다. 하지만 병원으로 돌아가자고 해도 고집스럽게 버텼다. 말을 건네면 건넬수록 더욱 흥분하며 병원과 나를 향한 불만을 격하게 쏟아냈다. 난감해진 나는 더욱더 끈질기게 설득을 하고 있었는데, 갑자기 등 뒤에서 고함이 들리면서 누군가가 달려와 내 등을 세게 때렸다. 둔한 통증이 스쳐갔다. 깜짝 놀라 돌아보니, 몸집이 작은 여성이 나동그라져 있었다. 아무래도 달려오던 속도를 이기지 못해 넘어진 것 같다. 그 덕분에 그녀의 발차기가 내 등에 정확히 꽂히지는 못했다. 나이로 보아 환자의 어머니인 듯했다. "너희들 옴진리교지? 내 딸 납치하러 왔지?" 머리가 산발한 늙은 여성이 잔뜩 험악한 표정으로 말했다. 옴진리교 사건*이 연일 보도되던 시기의 일이었다. 병원에서 바로 오느라 흰 가운을 걸친 채였기 때문에 한층 더 수상해보이는 듯했다. 정작 환자는 흠칫 놀라며 "엄마, 병원 선생님이셔"라고 설명했다. 그러자 어머니는 갑자기 공손해지면서 머리를 숙이며 사과했다. 그러고는 차를 내오겠다며 우리를 안쪽 방으로 안내했다.

방으로 들어가 주위를 둘러보니, 장지문의 빛바랜 창호지가 너덜너덜 찢겨 있었다. 옷가지며 음식물이 아무렇게나 널려 있었고 이상한 냄새도 풍겼다. 책상난로가 놓인 쪽으

---

* 1995년 옴진리교의 교도들이 일본 도쿄 지하철역에서 맹독성 가스를 살포해 16명의 사망자를 낸 사건을 말한다.

로 우리를 안내하더니 앉으라고 했다. 내어준 방석에는 군데군데 얼룩이 배 있었다. 금방 일어설 거라고 사양했지만, 차라도 마시고 가라며 단호하게 말했다. 그러고서는 차와 다과를 내주었는데, 찻잔이 유난히 더럽다. 찻주전자도 언제 씻었는지 알 수 없는 느낌이었다. 나와 간호사가 손을 대지 못하고 있자, 환자의 어머니는 "괜찮아요, 독 같은 건 안 들었어요"라고 말한다. 아무래도 이 어머니도 조현병을 앓고 있는 듯했고, 여태껏 치료도 받지 않고 지내온 것 같다. 나는 마음을 단단히 다지고서 차를 마시고, 다과를 먹고, 환자에게 함께 돌아가자고 말했다. 그러자 어머니는 딸에게 "왜 도망쳐온 거야. 이 어리석은 것아! 이렇게 좋은 선생님이 어디 있다고 그러니"라며 핀잔을 주었다. 딸은 곧 얌전해지더니 병원으로 돌아가는 데 동의했다. 집에 머문 시간은 한 시간 정도였을까, 우리 셋은 함께 병원으로 향했다. 나는 어머니가 병이 있는데도 치료를 받지 않고 있다는 게 조금 마음에 걸렸다. 치료를 받지 않고도 큰 탈 없이 생활이 가능한 환자가 있다는 것을 새삼 알게 됐다. 그렇다 해도 딸의 경우 퇴원한다면 그런 생활환경에서 정해진 대로 약을 먹으며 안정된 생활을 하기란 쉽지 않으리라는 것도 실감했다. 덕분에 외래 진료만으로 실제 환자의 생활을 이해하기는 매우 어렵다는 사실도 깨달았다. 등의 통증은 다행히 며칠 뒤 씻은 듯이 사라졌다.

그다음 왕진은 한 중년 여성이 언니를 따라 외래에 오면서 시작됐다. 그 여성은 문진을 통해 중증 우울증 진단을 받았다. 언니는 동생을 간신히 데리고 왔다고 했다. 죽고 싶은 욕구가 강해 바로 입원 조치 됐다. 한 달쯤 지나자 환자의 상태는 눈에 띄게 좋아졌다. "이제 자택에 하루 정도는 다녀오셔도 될 것 같습니다. 집도 신경이 쓰이실 테고요." 내가 말하자 환자는 어쩐 일인지 우물쭈물했다. 무슨 사정이라도 있냐고 묻자, 실은 스무 살이 된 아들이 벌써 몇 년째 집에 틀어박혀 지낸다고 했다. 진찰할 때는 분명 혼자 산다고 했는데, 환자의 말로는 그동안 왠지 얘기하기가 꺼려졌다고 했다. 아들은 집 밖은 고사하고 자기 방에서도 거의 나오지 않는다고 했다. 은둔형 외톨이치고도 상당히 중증이다. 환자가 입원해 있던 지난 한 달 동안 아들은 어떻게 지냈느냐고 묻자, 언니가 음식을 해서 가져다줬던 모양이다. 진료를 받아보라고 권했지만 병원 같은 곳에 아들이 올 리가 없다고 했다. 하기야 몇 년째 집 밖으로 나오지 않는 청년이 순순히 진료를 받겠다고 따라나설 리도 없다. 가정폭력 같은 일은 없었다는 것을 확인하고, 경우에 따라서는 내가 왕진을 가겠다고 했더니 안심한 표정을 지었다.

몇 달 후 다행히 그 여성은 통원 치료를 받을 만큼 상태가 호전되어 퇴원했다. 그녀는 몇 차례 언니와 함께 외래에 와서는 자기 집에 와서 아들을 꼭 한번 봐달라고 간청을 했다. 내가 간다고 해서 쉽게 만나줄 리도 없고, 찾아가서 괜한 동요를 일으키지 않을까 걱정스러웠다. 하지만 예전에 이 여성과 한 약속도 있고 해서 며칠 후 그녀의 집을 방문하게 됐다. 내가 찾아간다는 것을 미리 전해달라고 부탁했다. 여성은 고급 아파트에 살고 있었다. 사별한 남편은 대기업 직원이었고 병원에 그녀를 데리고 온 언니는 장사로 꽤 많은 돈을 번 사람이었다. 나는 거실에서 그녀와 잠시 이야기를 나눴다. 아들의 방은 거실에서 한참 떨어져 있었고 안에서는 아무 소리도 새어나오지 않았다.

나는 잠시 그녀의 집에 머물다가 병원으로 돌아왔다. 이런 방문을 몇 차례 반복하며 상황을 살폈다. 아들의 상태에 큰 변화는 없었다는 얘기다.

몇 차례 방문 끝에 아들의 방문 앞에서 말을 걸었지만 아무런 반응이 없었다. 어느 날 외래에서 아들에게 별다른 변화가 없음을 여성에게 확인하고서 다음 방문 때는 과감하게 방문을 열기로 했다. 문은 잠겨 있지 않았다. 방문을 연 순간의 광경은 잊을 수 없다. 방 안은 담배 연기로 자욱했고, 니코틴 냄새가 코를 찔렀다. 창문의 커튼이 쳐져 있어 깜깜했던 탓에 눈이 익숙해질 때까지는 청년의 얼굴이 잘 보이지 않았다. 청년은 별로 당황한 기색도 없이 가만히 앉아 있었다. 머리와 수염이 꽤 길었다. 방 안은 온통 어지럽혀 있었고 목욕도 하지 않아서 그런지 고약한 냄새가 났다.

아토피 피부염이 대단히 심했고, 특히 눈꺼풀이 염증으로 부풀어올라 눈을 제대로 뜨지 못했다. 몇 년째 방 안에서 홀로 온종일 아무 일도 않고 담배만 피워댔다. 아직 휴대전화도 비디오 게임도 없던 시절의 일이다. 그 청년은 말 그대로 아무것도 하지 않고 방에 몇 년째 틀어박혀 있었다.

내가 어머니의 우울증 치료를 담당하고 있는 정신과 의사라는 사실을 알리고, 지금의 심경 같은 것을 물어보았다. 강한 반발은 없었지만 뚜렷한 반응도 없었다. 그날은 진료를 받으라는 권유는 하지 않고 다시 오겠다는 말만 남기고 돌아왔다. 다음 외래에서 어머니에게 아들의 상태를 묻자 특별한 징후는 없었고, 오히려 오랜만에 거실에까지 나왔다고 한다. 그 탓에 아들한테서 나는 냄새가 온 집 안에 퍼졌다고 웃으며 푸념했다. 나는 세 번 정도 왕진을 가서 이야기를 했다. 진료를 받아보라는 내 말에는 끝내 대답하지 않았다. 정신증상에 대해서도 물었으나 명확한 대답을 듣지 못했다. 심한 대인공포증이 있다는 건 짐작할 수 있었다. 하는 수 없이 환자인 어머니와 그 언니에게 친척 중 남성의 도움을 받아 병원으로 데려와달라고 했다. 지속적인 통원 치료는 어려울 듯해 일단 입원하게 할 수밖에 없었다. 얼마 후 청년은 친척을 따라 병원에 왔다가 그대로 입원했다. 별다른 저항은 하지 않았다고 한다.

이 청년의 치료는 이후 오랜 기간에 걸쳐 내가 담당하게 됐다. 그간의 우여곡절을 여기에 다 풀어낼 수는 없지만, 이윽고 집을 나와 사회복지의 지원 아래 혼자 힘으로 생활할 수 있게 되었다. 반강제로 왕진했던 일이 아무래도 신경이 쓰여 나중에 물어보니, 청년은 내가 집으로 찾아왔을 때의 일을 떠올리며 이렇게 말했다. "무서웠지만, 동시에 안심했어요." 이것이 진심이라고 생각했다.

한때 중증 심신장애아동을 위한 전문치료시설에서 정신과 외래를 담당한 적이 했다. 상근의사가 갑자기 그만두는 바람에 몹시 곤란한 상황이라고 해서 2~3년간 일주일에 한 번씩 그 병원에 나갔다. 대다수 환자는 중등도에서 중도*의 지적장애와, ASD나 난치성 뇌전증 등이 합병되어 있으며, 과잉행동, 폭력, 식사 및 성에 관한 문제행동, 불결행위 등 다양한 행동장애가 있었다(애초에 행동장애가 없으면 통원할 필요가 없다). 가족들은 지칠 대로 지쳐 있었다. 외래에 찾아와 어떻게 하면 좋을지 조언을 구하지만, 나도 막막하기는 마찬가지였다. 이런저런 약물치료를 시도해봐도 좀처럼 효과가 나타나지 않았다. 논문이며 책이며 이것저것 뒤적여봤지만, 도움이 될 만한 대응이나 처방을 제시한 것은 거의 없었다. 무엇보다 이 영역에 관한 연구의 축적도, 전문가도 적

---

* 지적장애는 4등급으로 분류되는데, 중등도는 지능지수가 35 이상 50 이하, 중도는 20 이상 35 이하인 사람으로 분류된다.

다는 사실을 알게 됐다.

　지금도 기억에 남아 있는 환자와 가족이 적지 않다. 그중에 늘 어머니 혼자서 약을 타러 오던 환자가 있었다. 어머니는 한 달이나 두 달에 한 번 20대 아들의 약을 받아갔다. 처음 몇 번은 "다음에는 환자 본인을 데려오세요", "알겠습니다"라는 대화가 오갔다. 하지만 아무리 시간이 지나도 같이 올 낌새가 없었다. 진료기록카드를 보면 몇 년 동안 어머니가 대신 내원해 상당량의 진정제 계통의 향정신약을 처방받고 있었다. 전임 담당의사가 환자 본인을 직접 만난 기록도 몇 년간 없어 보였다. 아마 그 의사도 설득했겠지만 어머니는 끝내 아들을 데려오지 않았고, 어머니의 간청을 뿌리치지 못해 약을 처방할 수밖에 없었을지 모른다. 그런 상태로 시간만 어물어물 지나갔을 것이다. 환자 대면 없이 대리 처방은 안 될 일일뿐더러 이 경우 의사가 처방을 거부해도 아무런 문제없다. 그러나 이런 병원에서 만나는 중증 심신장애아동의 극심한 행동장애와 가족의 지친 모습을 눈앞에서 보면, 대리 처방은 절대 해주지 않겠다는 결심이 어느새 흔들리고 만다.

　담당의사가 된 지 1년 정도 지났을 때, 나는 이것저것 세세하게 상태를 물어보았다. 그리고 어쨌든 환자를 데려오지 않으면 더는 약을 처방할 수 없다고 엄포를 놓았다. 어머니는 무척 난처한 표정을 지으며, 그래도 데려올 자신이 없다고 했다. 이야기를 나누다 보니, 이런 경우라면 이제 내가 가는 수밖에 없겠다는 생각이 더 커졌다. 정신병원에서 근무하던 시절의 경험도 있기 때문에, 왕진이 꺼려지거나 하지는 않았다. 그 병원의 케이스워커에게 사정을 설명하고 진찰이 끝난 후 같이 왕진을 가기로 결정했다.

그 가족은 낡은 공영 주택에 살고 있었다. 집 안은 정돈되어 있었지만 이상한 냄새가 났다. 방 하나에는 환자로 보이는 청년이 허리에 밧줄이 감긴 채 앉아 있었다. 밧줄의 다른 끝은 기둥에 묶여 있었다. 요즘은 거의 볼 수 없게 됐지만, 예전에 개집이 마당에 있을 때는 개에게 목줄을 채워 말뚝에 매어놓았는데, 꼭 그것과 같았다. 오랫동안 햇볕을 쬐지 않아서인지, 청년의 얼굴빛은 유난히 창백했다. 식사를 거부하지는 않는 듯 마르긴 했어도 그리 심한 정도는 아니었다. 먼저 인사를 건넸지만 대화를 주고받기는 어려운 상태인 듯했다. 내가 그 집에 머무른 한 시간이 채 안 되는 시간 동안 청년은 이따금 험악한 표정을 지으며 으르렁거리는 소리를 냈다.

집에는 아버지와 어머니가 있었다. 초로의 아버지는 온화한 사람이었다. 집 안의 모습으로 미루어 경제적 형편이 좋지 않다는 것은 쉽게 짐작이 갔다. 어렸을 때는 부모가 힘으로 제압했겠지만, 이윽고 아버지도 힘에 부치게 된 듯싶었다. 아들 허리에 밧줄을 감아 기둥에 매어둔 지 벌써 몇

년은 된 것 같았다. 부모는 난폭한 사람으로 보이지 않았다. 오히려 그저 한없이 무력하다는 느낌을 받았다. 자신의 아들을 밧줄로 묶어둘 수밖에 없는 지금의 상황을 어떻게든 해결해야겠다는 마음이 별반 느껴지지 않았다. 우리가 그 집을 나설 때 어머니가 봉투를 건네려고 했다. 한눈에 사례금임을 알 수 있었다. 감사하지만 받을 수 없다는 사정을 설명하고 내민 봉투를 다시 넣어두시라 했지만, 그렇게 하기까지 상당한 시간이 걸렸다. 그만큼 집을 방문해준 의사에게 고마운 마음이 컸으리라고 이해했다.

그다음부터 나는 환자의 상태를 머릿속에 떠올리면서 조금씩 처방을 변경했다. 그러기를 몇 번 하다 어머니에게서 요즘은 아들을 밧줄로 묶어두지 않아도 되게 되었다고 들었다. 다량의 항불안제와 항우울제를 소량의 비정형 항정신병제로 대체한 것이 효력을 발휘했다. 그것은 그다지 어려운 일은 아니었다. 다만 환자 본인을 만나지 않고 중대한 부작용이 생길 수 있는 항정신병제를 처방하기는 어렵다. 그렇다 보니 그 전까지는 안전성을 우선해서 항불안제를 처방해 대처하려 했고, 그렇게 진정 효과를 기대하고 처방한 항불안제가 역설적으로 충동성을 증가(탈억제)시켜버린 것이 된다. 이 환자는 그런 불행한 경과를 밟았던 것 같았다.

그렇게 환자의 집을 오가며 몇 번 진찰을 했을 즈음, 나는 그 병원을 떠나게 됐다. 어렵게 상근의사를 찾은 덕분에 내

역할은 끝이 났다. 어머니는 끝내 아들을 병원에 데려오지 않았다. 여전히 외출을 극도로 꺼린다고 했다. 진료기록카드에 경위를 정리해 후임자에게 전달했다. 다만, 정신없이 일이 바빠서 그 환자가 그 후 어떤 진료를 받았는지 확인하지 못했다. 지금의 나라면 병원의 케이스워커와 상담해 지속적인 대응을 관청 쪽에 요구했을 것이다. 아니면 케이스워커에게 더 구체적인 지시를 내렸을 것이다. 아쉽게도 당시의 나는 케이스워커에게 계속해서 대응해달라고 의뢰만 했을 뿐, 그 후의 경과를 확인하지는 못했다. 환자의 집을 방문할 때 같이 갔던 케이스워커는 그 방의 고약한 냄새나 허리에 밧줄이 묶여 있는 모습을 보고도 나만큼 놀라는 것 같지는 않았다. 어쩌면 그동안 자주 봐왔던 광경일지도 모른다. 내 생각이 지나친 걸까.

아무튼 이것은 명백한 학대 사례이다. 부모는 자신의 자녀를 학대하고 있다는 인식이 전혀 없었다. 말을 듣지 않는 자녀를 어떻게 대해야 할지 몰랐고 또 누구와 상의해야 할지도 몰라 궁여지책으로 묶어두었을 것이다. 혹은 의사에게 상담했을지도 모르지만, 의사들도 약을 처방해주는 것 말고는 뾰족한 수가 없었을 수도 있다. 이 가족의 사회적 고립이 자녀 학대의 원인이 됐을지도 모른다는 생각이 떨쳐지지 않는다.

이것 말고도 왕진과 관련해서 머릿속에 떠오르는 사례가 여럿 있다. 임상심리 수련의 시절에 낯모르는 청년의 집을 찾아갔던 일은 지금 생각해도 식은땀이 나는 추억이다. 자칫 잘못하면 환자도 나도 위험해질 수 있었다. 지금이라면 이런 '모험'은 용납되지 않을 것이다. 최근 의료종사자는 문제가 될 것을 우려해 위험을 무릅쓰는 일은 회피하려는 경향이 강해지고 있다. 어쩔 수 없는 일이지만, 그 때문에 잃어버리는 기회도 있을 터다.

병원 밖에서 만나면 외래 진료만으로는 알 수 없는 환자의 생활이 보인다. 그러면서 환자의 실제 생활과 맞지 않는 '조언'과 '지도'는 의미 없다는 것을 깨닫게 된다. 적어도 환자의 실제 생활은 종종 의사의 예상을 뛰어넘는다는 사실만큼은 마음에 새겨두고 있어야 한다. 왕진은 그런 사실을 새삼 상기시켜 주는 귀중한 기회이다.

교도소의 정신과 의사

교정시설에서의 심리치료

의료소년원에서 근무한 지 얼마 되지 않았을 무렵 이런 질문을 받은 적이 있다. "범죄자들을 치료하는 것에 갈등을 느끼지는 않습니까?" 허를 찔린 느낌이었다. 눈앞에 있는 청소년들은 대개 불우한 환경에서 자라왔고, 그런 사실을 접하다 보면 동정심에 가까운 감정을 갖게 되는 경우가 더 많았기 때문이다.

의료소년원에 있는 청소년의 상당수는 가해자였다. 잔혹한 범죄를 저지른 아이들도 적지 않았다. 기록을 통해 그런 사실을 파악하고 있다 해도, 하루하루의 진료에서는 당장 눈앞의 환자에게 집중하기 때문에, 그 뒤에 있는 피해자에게는 생각이 미치지 못했던 것이다. 그러나 그런 질문을 받고 보니, 의료소년원에서의 의료 행위는 분명 일반적인 의료 행위와는 다른 면이 있는 것 같았다.

가해자의 처우에 관한 이런 종류의 논의는 비단 의료에 한정된 얘기는 아니다. 살인으로 사랑하는 가족을 잃은 유족이 가해자인 범죄자가 소년원이나 교도소에서 삼시 세끼 부족함 없이 받아먹으며 지내는 것을 도저히 용납할 수 없다고 말하는 것을 들은 적이 있다. 또 소년원이나 교도소에서는 수감자들의 안정적인 사회 복귀를 위해 다양한 자격 취득을 권장하고 있지만, 죄를 짓고 수감된 가해자가 어떻게 공짜로 자격을 딸 수 있는지 납득이 가지 않는다는 말을 듣기도 했다.

그런 한편, 소년원이나 교도소 등 교정시설에서는 수감자의 인권이 제대로 지켜지지 못하고 있다는 비판도 받고 있다. 나고야 교도소에서 교도관이 수감자를 폭행해 사망케 한 사건(2001~2002년)을 계기로 메이지 시대 이후 줄곧 지속되어온 감옥법이 개정됐다. 전국의 교도소에 시찰위원회가 설치되어 외부 인사로부터 감시받는 체제가 만들어졌다.

요컨대 지금의 소년원과 교도소는 여러 가지 측면에서 비판받고 있는 것이다.

비행 청소년을 포함한 수감자들의 정신의학적 치료에 관한 이야기로 돌아가보자. 치료에 관한 것인 만큼, 그들이 어떤 죄를 지었든 정신질환을 앓고 있는 사람들이 치료 대상이 된다. 이들이 조현병이나 양극성 장애 같은 좁은 의미의 정신장애를 앓고 있다면 이야기는 비교적 이해하기 쉽다. 병을 치료하는 것은 의사의 본분이기 때문이다.

그러나 교정시설, 특히 소년원에서는 수감자가 꼭 좁은 의미의 정신질환에 걸린 상태가 아니어도 정신과 의사가 개입해야 할 때가 적지 않다. 정신과 의사가 비행 청소년들의 문제에 개입해 그들이 사회적으로 재기할 수 있도록 어떤 역할을 하는 것은 일견 바람직하거나 아름다운 행위로 비칠 수 있다. 그러나 의료 행위는 의학적 치료가 필요한 사람을 대상으로 본인의 동의를 얻어 시작하는 것이고, 정신과 치료라고 해서 예외는 아니다. 이는 비행이나 범죄를 저지르고 소년원이나 교도소에 온 사람들에 대해서도 마찬가지다. 상대가 미성년자라고 해서, 혹은 범죄자라고 해서 정신과 의사가 명확한 기준 없이 개입하는 것은 경계해야 한다.

비행이나 범죄는 사회적 가치관이 포함된 개념이다. 의학 또한 모든 환자의 생명과 건강을 최우선으로 생각하기 때문에 가치 판단으로부터 자유로운 학문은 아니다. 사실 생명과 건강이란 것은 매우 보편적인 가치관이기도 하다. 반면 무엇이 악이고 무엇이 범죄인가 하는 문제는 역사적, 사회적으로 상대적 판단을 포함하고 있어 시대와 문화에 따라 기준이 다르다. 의학, 특히 정신의학이 이러한 악이나 범죄 같은 것과 연관 지어 생각하기 시작하면 매우 복잡미묘한 문제에 맞닥뜨리게 된다. 어떤 발언이나 행동을 의학적으로 비정상이라고 판단해 즉각 치료의 대상으로 삼는 것은 위험하다. 이러한 발상이 확대·해석되면, 반정부적 사상을 지닌 사람이 강제로 정신과 치료를 받았던 옛 소비에트 연방에서의 만행이 벌어질 수도 있다.

이렇게 보면, 교정시설에서 정신과 의사로 일한다는 것은 상당히 어려운 측면이 있다. 다시 말해 그리 간단한 일이 아니다. 오래전 교정의료에 적극적으로 관여하고 있는 정신과 의사 몇 명이 모여 좌담회를 연 적이 있는데 생각이 저마다 달랐다. 교정의료에서 교정은 치열 교정과 같아서 뒤틀린 부분을 바로잡는 일이 본분이라고 생각하는 정신과 의사가 있는가 하면, 반사회적 인격을 가진 사람이라 해도 본인의 동의 없이 치료하는 것은 반대한다는 의견도 있었다. 이 좌담회에서 나온 발언은 아니지만 범죄자와 치료자 간의 상호 소통과 신뢰가 교정의료의 핵심이라는 의견도 있었고, 잘못을 뉘우치게 하는 일을 무엇보다 중시하는 정신과 의사도 있었다. 이러한 복잡성은 가해자를 대상으로 하는 정신의료가 아니면 찾아보기 어려운 특징이다.

과거에는 비행이나 범죄 자체를 정신의학적 혹은 심리학적 치료의 대상으로 보는 견해가 있었다. 건전하게 성장한 아이는 비행이나 범죄에 빠져드는 일이 없을 것이므로, 비행 소년이란 곧 정신이 병든 소년이라는 논리이다. 이것을 비행에 대한 의료적 모델이라고 하며, 제2차 세계대전 이전 미국에서 영향력을 가졌던 사상이다. 이러한 발상을 근거로 하면, 비행 청소년, 즉 반사회적 행동을 하는 청소년과 보호를 필요로 하는 청소년 사이에 큰 구별이 없어진다. 모두 형벌의 대상이 아니라 의료와 복지의 대상이 된다. 좋았던 옛 시절의 미국의 민주적 사상이었으며, 이 사상은 제2차 세계대전 이후 연합군 최고사령부(GHQ)를 통해 일본의 소년법에 도입됐다. 미국이 이러한 사상에서 멀어진 이후에도, 일본은 한동안 의료적 모델에 바탕을 둔 청소년 교정을 이상적으로 여기는 태도를 유지했다.

이러한 의료적 모델의 확대는 사실 청소년비행과 관련해서만이 아니라 여러 영역에서 볼 수 있다.

하나의 예로, 1990년대 초에는 40만 명 정도였던 일본의 우울증 환자(우울증으로 진단받고 치료받는 사람)가 약 10년 만에 100만 명을 넘어선 현상을 들 수 있다. 현재 정신과 의사들은 대체로 우울증의 원인을 유전적 소인과 관련이 있는 것으로 본다. 하지만 그렇다고 하면 우울증 환자가 10년 사이에 두 배, 세 배로 늘어날 리가 없지 않은가. 따라서 우울증 환자의 급증은 환자 자체가 늘었다는 것만으로는 설명이 되지 않는다. 진단기준의 변화, 경제 상황, 사회구조의 변화, 조기검진 독려 등 사회·심리적 요인이 서로 얽혀 우울증 환자의 급증이 일어났다. 동종업계 전문가들에게 핀잔을 들을지 몰라도, 중증 환자의 진찰이나 당직을 피해 개업하는 의사가 늘고, 심료내과를 표방하는 병원들이 골목골목에 들어서면서 병원 운영을 위해 더 많은 환자가 필요하게 된 면도 있다(뜻을 품고 진료소에서 진찰하고 있는 의사들도 적지 않은 것은 말할 것도 없다). 정신과 진료의 문턱이 낮아진 것은 반가운 일이지만, 기분이 좀 가라앉는다고 진료받으러 온 사람들을 모두 우울증으로 진단해 지속적인 통원과 약물 복용을 종용하는 풍조가 생겼다. 연인과 헤어지거나 상사에게 질책을 받으면 기분이 우울해지기 마련이고 그 침울함을 당장 우울증 증상으로 단정할 수 없는데도, 슬프거나 기분이 울적하다는 환자의 말에만 의존해 우울증으로 진단을 내리고 항우울제를 처방하는 식이다.

인생에는 반드시 슬픔이 동반한다. 이를 모두 우울증의 증상으로 간주하고 치료의 대상으로 삼으려는 것은 정신의학의 남용이며, 과도한 의료화*이다. 마찬가지로 비행을 모두 정신과적 질병이라 생각하고 의료의 대상으로 삼으려는 것도 과도한 의료화이다. 의사는 병은 진단하고 치료할 수 있어도 일탈 행동은 치료할 수 없다. 그것은 의사에게 없는

---

* 특정한 문제에 대하여 의학의 틀을 적용하여 판단하고 개입하려는 개념을 말한다.

능력이다. 의사는 불가능한 과제를 떠맡아서도 안 되고 사회가 요구해서도 곤란하다.

무엇이 의학, 특히 정신의학의 대상이 되는가는 시대와 문화에 따라 달라진다. 과거 동성애는 정신의학 진단기준에 올라 있었지만, 현재 이를 치료 대상으로 생각하는 정신과 의사는 없을 것이다. 의사가 자신이 할 수 있는 일의 범위가 어디까지인지를 의식하지 못하면 이상한 일이 일어날 수도 있다. 설사 선의나 정의감에서 시작했다 해도 의료 영역에서 벗어나게 될 수 있다.

그렇기에 정신과 의사로서 할 수 있는 일과 없는 일의 경계를 끊임없이 점검할 수밖에 없다. 특히 교정시설에서 근무할 때는 의사는 '병을 고치는 것'이 일이므로, 가치관 같은 것들로부터 가능한 한 자유로워지고 싶다고 생각했다. 바로 그 무렵 '왜 사람을 죽이면 안 될까?'라는 문제를 두고 논란이 일었고, 이에 어느 고명한 문학자가 "그런 발언을 하는 것 자체가 품위가 없다"라는 취지로 논평한 적이 있었다. '왜 사람을 죽이면 안 될까?'와 같은 질문은 '논의를 위한 논의'인 경우가 많고, 이런 경우 이 같은 문학자의 발언은 설득력이 있다. '왜 사람을 죽여서는 안 되는가'라는 질문에 '사람을 죽여서는 안 된다'와 같은 답 역시 이론적 근거가 없는 것은 마찬가지이다. 따라서 이 문학자의 발언은 사회를 향한 메시지로서는 적절한 것이었고, 또 그렇게 말할 수밖에 없었을지도 모른다.

　그러나 눈앞에 마주 앉은 소년이 이런 질문을 진지하게 할 경우, 이 문학자처럼 일언지하에 대화를 끝내버리기는 쉽지 않다. 어떤 살인에 대해서도 절대 옹호할 생각은 없지만, 정신과 의사라면 세상에서 당연하게 여기며 의문을 품지 않는 가치관에 대해서도 일단 의심하는 자세를 가지는 것이 필요하다. 특히 좁은 의미의 의료 밖의 영역에 대해서는 다소 삐딱한 시각에서 바라보는 습관을 가지는 게 좋다. 소년원이나 교도소에서의 진료 대상은 '나쁜 짓을 저지른' 사람이다. 내가 선이고, 상대가 악이라는 도식에 빠져들면 의미 있는 치료관계를 만들 수 없다. 기존의 가치관에 얽매이지 않기 위한 또 다른 접근이 필요하다고 생각했다. 물론 이것은 가치 판단을 일단 보류한다는 말이지, 무조건 상대화해버린다는 것을 의미하지 않는다.

　여담이지만 철학과 재학 시절을 허송세월로 보내긴 했지만, 당시 교수였던 야마모토 마코토山本信 선생의 "철학이란 상식을 비판하는 것이다"라는 말은 뇌리에 강하게 남아 있다. 상식으로 여겨온 것을 의심하는 것이 철학적인 자세다. 상식이나 규칙이 강하게 전제된 곳에 몸담고 있는 사람일수록 '상식을 비판'하는 자세가 필요할지 모른다.

그런데 소년원이나 교도소에는 정신과 의사가 대응해야 할 특유의 문제가 있다. 바로 약물 의존이다. 현대의 일본에서 대표적인 남용 물질은 각성제이지만, 의존과 남용의 대상이 되는 물질은 점차 다양해지고 있다. 이런 의존 물질은 장기간에 걸쳐 상당한 양을 사용하면 돌이킬 수 없는 후유증을 남기기도 한다. 교도소에는 장기간 대량 남용한 결과 정신 증상이 만성화한 수감자들이 있었다. 물론 장기 남용 이력이 있는 젊은이는 극히 드물지만, 나는 의료소년원에서 근무할 당시 중증의 시너 의존 소년을 몇 명 만났다. 그중에는 10대 중반인데도 현저하게 뇌가 위축된 소년도 있었다. 남용 빈도나 양이 엄청났던 것도 문제지만, 시너 남용 자체도 결코 가볍게 볼 문제가 아님을 뼈저리게 느꼈다.

일반적으로는 대다수 청소년이 경찰서와 소년감별소를 거쳐 의료소년원에 올 무렵에는 약물로 인한 정신증상은 대체로 사라진다. 따라서 의료소년원이나 소년교도소(젊은 수감자를 처우하는 교도소)에서 이뤄지는 치료는 의존을 어떻게 고치느냐에 초점이 맞춰진다. 의존은 약물치료로 고칠 수 있는 게 아니므로 심리치료가 치료의 중심이 된다. 가령 교정시설에 수감되어 자유가 제한되고 나면 자신이 저지른 행동에 대해 후회하고 반성하는 마음이 생기고, 나아가 약물 남용에서도 벗어나게 될까? 그렇지 않다. 분명 한 번의 체포나 수감으로 의존에서 벗어날 수 있는 사람도 있겠지만, 약물 남용으로 반복해 구속되는 사람이 끊이지 않는 것도 사실이다. 약물 의존은 알코올 의존과 마찬가지로 '의존병'이라고 생각하고 치료라는 관점에서 접근해야 한다. 형벌을 주어 반성하게 한다, 나쁜 짓이라고 가르친다, 몸에 나쁘다고 겁을 준다 등의 방법만으로는 큰 효과를 기대할 수 없다.

치료의 시작은 '자신이 각성제에 의존하고 있다'는 사실을 인정하는 것이다. 이것이 실은 매우 어렵다. 알코올 의존도 그렇지만, 사회생활에 불편이 생기는데도 '나는 마음만 먹으면 언제든 끊을 수 있으니 의존이 아니다'라고 크게 착각하는 경우가 많다. 이런 경우에는 어느 때 각성제를 남용하는지 반복해서 이야기를 나누는 것이 중요하다. 사실은 끊기가 힘들어서 계속 각성제에 기댔던 것은 아닌지, 각성제 없이 지내기가 힘들었던 것은 아닌지 등 공감대를 형성해나가는 작업을 하게 된다. 끈기가 필요하다.

여러 사람이 모여 생각과 고민을 나누는 그룹 워크도 효과가 있는데, 남용 이력이 있는 사람의 경험을 들으며 자각이 싹트는 경우도 적지 않다. 내 눈에는 똑같이 남용 문제를 안고 있는 청소년이라 해도, 서로의 이야기를 듣고 '나는 의존하고 있지 않지만, 저 녀석은 의존하고 있다'라고 느끼는 일도 있다. 이는 제약회사 영업사원에게 자사 약품명이 들어간 볼펜이나 도시락을 아무렇지 않게 받았던 시절, 영업담당자의 판촉과 로비가 처방에 미치는 영향을 두고 대부분의 의사가 자신은 '영향을 받지 않는다'고 단언하면서 동료에 대해서는 '영향을 받을 거라 생각한다'고 응답한 것과 비슷하다. 일반적으로 자신의 문제를 자각하기는 어렵고 남의 문제는 잘 보인다. 약물 남용 문제에서는 한층 더 그렇다.

다만, 내가 의료소년원에서 일할 때만 해도 소년원 아이들끼리 서로의 가정사나 성장환경에 관해 이야기하는 것은 '사적 대화'로서 금지되어 있었다. 어디서 나고 자랐는지를 화제로 꺼내서도 안 된다. 소년원을 나간 후 연락을 주고받으며 바람직하지 못한 관계를 만들까봐, 즉 '나쁜 물이 드는 것'을 방지하기 위해서라는 설명을 들었다. 약물 의존 문제를 그룹 워크에서 다루려면 아무래도 사적인 이야기를 꺼낼 수밖에 없으므로, 안타깝게도 그룹 워크를 실시할 기회를 얻지 못했다. 법무교도관의 눈을 피해 개인 정보를 교환하던 아이들도 있었지만 "어차피 뒤에서 몰래 할 얘기는 다 할 테니 그룹 워크를 진행해봅시다"라는 말이 통할 리 없었다. 그런가 하면 어떤 소년이 주소를 알려달라고 졸라 거절하는 데 애를 먹었다고 하소연하는 소년도 있었다.

자신이 약물에 의존하고 있다는 사실을 인정하면 거기서부터는 본인과 의사를 포함한 전체 교도관들이 공통 과제를 마주하게 된다. 치료의 길이 보이는 느낌이 든다. 그러나 소년원이나 교도소에서 약물 의존을 치료할 때의 유불리는 담장 안에 있어 어떤 유혹에도 노출되지 않는 환경에서 생겨난다. 일단 약물로부터 차단되어 남용할 수 없게 된다. 이는 치료의 출발점에서는 유리한 조건이지만, 치료를 마무리하는 단계에서는 불리하게 작용한다. 사회는 마음만 먹으면 언제든 약을 손에 넣을 수 있는 환경이기 때문에 어떻게 이런 유혹을 물리치고 일상을 관리할 수 있을지 학습할 기회가 없다. 또 약물 의존은 자신의 심리적 기저에 있는 우울과 불안, 공허감에서 벗어나기 위해 약물에 의지하는 것인데, 이러한 부정적 감정을 약물 없이 이겨내는 방법을 찾기 위한 상담은 실제로 사회에서 생활하지 않는 이상 현실적인 도움이 되지 못한다. 약물 사범들을 가능한 한 사회 내에서 처우하려는 움직임이 최근 시작되고 있는데, 치료의 관점에서 보자면 합리적인 방법임에는 틀림없다.

의료소년원과 의료교도소에서의 심리치료적 대응이 절실히 필요한 문제는 약물 의존과 더불어 섭식장애이다. 섭식장애는 살을 빼고 싶은 강한 욕망 내지 비만에 대한 공포에 사로잡혀 음식 섭취에 장애가 생기는 질환이다. 10대에서 20대 사이 여성에게 흔하고, 남성에게도 발병한다. 먹는 양이 현저히 적기 때문에 처음에는 체중이 감소하다가 증상이 심해지면 생명이 위협받을 수 있다(거식). 다만 대다수의 환자는 도중에 식사를 제한하기가 어려워지고 반동 작용으로 많은 양의 음식을 먹게 된다(폭식). 그러나 깡마르고 싶은 욕구나 비만에 대한 공포는 여전히 남아 있으므로 먹은 음식을 억지로 토하거나, 설사약이나 이뇨제를 많이 먹거나, 과도한 운동을 하는 등 체중 증가를 막기 위해 거듭해서 무리하게 된다. 폭식한 후 구토하는 환자가 가장 많을 것으로 생각된다.

섭식장애는 말할 것도 없이 정신과나 심료내과에서 치료를 받아야 하는 병이다. 물론 섭식장애 때문에 소년원이나 교도소에 오는 것은 아니다. 소년원이나 교도소에 섭식장애 환자가 많은 이유는 폭식 단계에서 필요한 음식을 훔치는 사람이 있기 때문이다. 폭식과 구토의 반복 증세가 심해질수록 더 많은 음식이 필요하기 때문에 음식값으로 나가는 돈도 많아진다. 먹는 음식과 음식의 양은 사람마다 천차만별이지만 내가 몇몇 여성 수감자에게 들은 얘기로는 욕구를 충족시키려면 매일 2천 엔에서 3천 엔은 더 필요하다고 한다. 그렇다면 매달 6만 엔에서 9만 엔 정도 지출이 늘어나는 셈이다. 중증 섭식장애 환자가 안정된 일자리에서 안정된 수입을 얻기란 쉽지 않다. 따라서 이 지출이 점차 쌓이면 수중의 돈으로는 감당이 안 되다 보니 편의점이나 식료품 가게에서 음식을 몰래 훔치는 사람도 자연히 늘어날 것이다. 게다가 돈을 내고 샀더라도 몇 시간 뒤엔 토해버리니 돈이 아까워지는 사람도 있을 것이다. 이런 사정도 있어서 일부 소수의 섭식장애 환자들이 절도를 저지른다. 일반 병원에서 만났던 섭식장애 환자의 경우도 마찬가지여서, 내가 맡은 수십 명의 환자 가운데 일정 수는 절도 경험이 있었다. 담당의사에게 말하지 않는 환자도 있을 테니 실제 비율은 더 높을 수도 있다. 절도를 섭식장애 증상 중 하나로 봐야 한다고 주장하는 전문가도 있다.

누구나 처음에는 긴장하며 물건을 훔친다. 그러다 익숙해지면 점점 대담해진다. 머지않아 점원에게 들킨다. 처음 훔친 거라면 혼을 내고 끝낼 수도 있을 것이다. 특히 범인이 미성년이나 여성이나 고령자라면 그럴 확률이 높다. 한 번 들키고 나면 더는 하지 않게 되는 사람도 있지만, 폭식과 구토가 반복되는 한 더 많은 음식을 필요로 하는 사정은 변하지 않는다. 두 번, 세 번 반복해서 들키면 이윽고 경찰에게 체포된다. 경찰도 처음에는 훈계방면 정도에서 사건을 마무리하지만, 거듭되면 결국 검찰에 송치되어 기소되고 구치소로 보내진다. 초범이라면 집행유예 판결이 내려질 때가 많지만, 개중에는 집행유예 중에 다시 범죄를 저질러 교도소에 수감되는 환자가 있다.

이러한 전철을 밟은 환자는 소년원이나 교도소에 들어와서도 여전히 섭식장애의 증상을 보인다. 식사할 때마다 남김없이 토하기 때문에 체중이 준다. 예를 들어 키가 160센티미터에 체중이 30킬로그램을 밑도는, 극단적으로 마른 수감자도 의료교도소에는 많이 있었다. 구토의 영향으로 혈중 전해질 균형이 현저하게 무너지는 것도 의사를 고민하게 만든다.

폭식과 구토는 약물치료로는 낫지 않으므로 심리치료적 접근을 할 수밖에 없다. 그 세부 사항을 자세히 기술하기는 어렵지만, 의료소년원이나 의료교도소에서 담당했던 섭식장애 환자의 치료는 말 그대로 전쟁을 치르는 느낌이었다. 식사에 대한 규칙 위반도 끊이지 않아서 법무교관과 교도관의 연계도 필요했다.

그렇다고 해도 치료의 시작은 의존 문제와 마찬가지로 자신이 '병'에 걸렸다는 사실을 인정하는 것에서 출발한다. 대부분의 환자는 생명의 위기에 처해 있는데도, 그 사실을 인정하려 들지 않는다. 이는 훈계나 협박이나 형벌로 해결될 문제가 아니므로 시간을 들여 면담을 할 수밖에 없다.

절도 행위 자체가 정신과적 질병일 가능성도 배제할 수 없다. 병적 도벽이라고 해서 '절도를 위한 절도', 즉 '물건을 훔치려는 충동을 제어하지 못해 위험을 무릅쓰고 절도를 반복하는' 병이 있다. 확실히 절도로 여러 차례 구속되는 사람 중에는 경제적으로 여유가 있어 물건을 훔칠 이유가 없는데도 쾌감이나 스릴을 느끼기 위해 계속해서 도둑질을 하는 것처럼 보이는 수감자도 소수이기는 해도 있었다.

이것 역시 의존 혹은 기벽이므로 형벌만이 아니라 치료적 개입이 필요하다. 다만 병적 도벽은 진단이 어렵다. 대개의 경우 병적 도벽은 환자가 절도를 반복하다 경찰에 체포되거나, 상점 주인이 경찰에 신고해 환자 자신이나 가족이 자신들의 힘으로 대응하기 어려운 상황이 된 후에야 질병으로서의 진단이 고려된다. 변호사의 도움으로 병적 도벽으로 진단받으면 기소를 면하거나, 혹은 재판을 유리하게 끌어갈 수도 있다. 이런 상황에서 주장되는 병적 도벽의 '증상'에 대해서는 신중히 검토할 필요가 있음은 말할 것도 없다.

내 경우 명확하게 병적 도벽으로 진단할 수 있었던 환자는 고작 몇 명에 불과하고 본격적으로 치료를 해본 경험도 없으므로, 내가 할 수 있는 말은 없다. 다만, 폭식-구토-도둑질이라는 일련의 과정이 기벽의 성격을 띠고 있음을 느끼게 해준 수감자가 있었던 것은 사실이다. 그런 의미에서 일부 섭식장애 환자가 저지르는 절도는 기벽이라는 병이라고할 수 있을 것이다.

일반적으로 의존이나 기벽은 진단보다 치료가 더 어렵다. 카지도 합법화에 따른 도박 의존의 증가도 마찬가지다. 진단과 치료 모두가 쉽지 않다 보니 치료 경험도, 그 공유도 늦어지고 있다. 이런 영역에서 가장 임상 경험이 풍부한 건 어쩌면 교도소에서 근무하는 정신과 의사일지도 모르겠다.

교도소의 정신과 의사

소년원이나 교도소에서 이뤄지는 정신과 치료라고 하면, 소설이나 영화에 나오는 괴물 같은 사이코패스가 치료받고 있는 장면을 떠올리는 사람도 있을 것이다. 그런 사이코패스가 실제로 얼마나 있는지는 나로서는 알 수 없다. 아마도 반사회적 성향이 매우 강한 범죄자는 베테랑 교도관이 관리하고 있어 의사와 직접 대면할 기회는 적은 듯하다. 경륜이 쌓인 교도관의 눈에는 의사가 지극히 반사회적인 수감자에게 장시간 대응하는 것이 위험해보이는 일일 것이다. 또 일반적으로 사이코패스 성향의 수감자 본인도 정신과 의사와 만나는 것을 그리 바라지 않는다. 이 외에도 시간의 제약도 있어, 내가 아는 한 그런 치료는 체계적인 형태로 이뤄지고 있지 않다. 치료 목표를 합의하기도 그다지 쉽지 않을 것이다. 적어도 나는 그런 시도조차 해본 적이 없다.

정신의학의 진단체계에는 반사회성 인격장애라는 항목이 있는데, '타인의 권리를 무시하거나 침해하는 광범위한 행동양상'으로 정의하며, 이에 해당하는 반사회적 행위가 구체적으로 나열되어 있다. 이와 유사한 진단기준으로 '타인의 기본적 인권을 침해하고, 나이에 맞는 사회 규범 또는 규칙을 위반하는, 반복적이고 지속적인 행동 양상'으로 정의되는 청소년기의 '품행장애'가 있다. 정신의학의 진단기준에 기재되어 있다는 건 이것이 정신의학적 장애임을 의미하며, 곧 정신의학적 치료의 대상이 될 수 있음을 의미한다.

그렇다 해도 반사회적 인격이 실제로 심리치료의 대상이 될 수 있을까. 무엇보다 인격(성격)을 치료한다는 것은 무엇일까. 인격장애의 경우 약물치료의 효과가 제한적이므로 치료를 한다면 심리치료가 중심이 된다. 심리치료가 제대로 효과를 거두려면 치료자와 환자 사이에 '이것이 힘든 문제다', '개선해야 할 점은 이것이다'라는 합의가 이뤄져 있어야 한다. 이 합의가 전혀 이뤄지지 않는 경우에는 애초에 치료는 기대하기 어렵다.

소년원이나 교도소 등의 시설 수용 자체에 치료적 의의가 있다면, 한편 이는 '괴로움'이기도 하다. 정신적 스트레스를 느낄 때 행동화하는 사람은 대부분 자신의 감정을 부인한다. 자신의 처지나 고통스러운 감정으로부터 도피하기 위해 술을 마시고, 도박을 하고, 비행을 저지른다. 교정시설에 수용되면 그런 도피행동을 일절 할 수 없게 된다. 자유가 제한되거나, 규칙적인 생활을 해야 하거나, 매일의 일과와 교도 작업도 자신을 괴롭게 하는 것이겠지만, 남아도는 시간 또한 고통이다.

예전에, 소년감별소 수감자들의 일과를 지적하며 혼자 자기 방에서 아무것도 하지 않고 지내는 시간이 너무 많지 않느냐, 왜 좀 더 교정교육에 시간을 할애하지 않느냐며 내게 따져 물은 사람이 있었다. 하지만 실은 이런 시간들이야말로 성찰이 일어나기 위해서는 매우 중요하다. "시간의 속도를 느리게 하는 것이다."* 이 시구처럼 혼자서 무언가를 천천히 생각하기 위한 시간은 반드시 필요하다.

　일반적으로 행동화를 계속 반복하는 한 정신증상은 개선되지 않는다. 예를 들어, 섭식장애의 경우 구토를 반복하는 한 폭식은 개선되지 않고(행동화), 병적인 수준의 마르고 싶은 욕구(정신증상)가 약해질 가능성 또한 매우 낮다. 소년원이나 교도소는 가장 강고한 체계를 갖춘 시설이며, 그 치료적 의의는 강고한 체계로 행동화를 멈추는 데 있다. 의료소년원에서 근무하던 시절, 규칙에 의해 행동화를 봉쇄하는 방식에 대해, 이래서는 소년원을 나가면 '도로 아미타불'이 아닌가 하는 의문을 품었던 적이 있다. 그러나 사회에서 온갖 비행(행동화)을 저지르던 아이들이 심리적으로 안정되면서 자연스럽게 편안함을 느끼게 되는 것을 보면서 생각이 바뀌었다. 행동화를 반복하며 괴로워하는 경우가 있는가 하면, 강고한 체계 안에서 안정을 되찾는 경우도 있다는 얘기일 것이다. 교정시설의 체계를 내면으로 받아들인 듯한 인상이었다. 다만, 이러한 내면화가 일어날지 어떨지는 수감자와 법무교관, 교도관, 의료진 간의 기본적인 신뢰관계가 형성되어 있는 것이 전제가 된다.

---

* 　일본의 시인 오사다 히로시長田弘의 시집《하루 끝의 시집》에 수록된 시 〈하늘 아래〉의 한 구절이다. 일부를 인용하면 다음과 같다. "시간의 속도를 느리게 하는 것이다. / 생각한다는 건, 느린 시간을 / 지금, 여기에 만들어내는 것이다. / 혼자 있기를 못하면 안 된다."

가해자를 치료하는 경우, 가해자가 과거에 받았던 피해(대부분 피학대 경험)를 어떻게 다룰 것인가 하는 문제도 중요하다. 소년원이나 교도소 수감자 중 적지 않은 사람이 학대받은 경험이 있다. 우선 과거 자신이 입은 피해를 떠올리게 하고 현재 자신의 감정과 생각을 말하게 하는 것으로 치료를 시작하는 접근법이 있다. 자신의 고통을 부인하는 사람에게 타인의 고통에 공감하도록 하기는 어려운 일이므로, 자신의 피해 경험을 떠올리는 것으로 치료를 시작하는 것도 하나의 방법이다. 또 사람이 바뀔 수 있다고 한다면, 외부의 요구에 의한 반성이 아니라, 자신을 있는 그대로 긍정할 때 그것이 가능하다고 생각하기 때문에 그런 의미에서는 좋은 접근법이라고 생각한다. 하지만 가해 행위가 다양하듯이 피해 경험 또한 다양하다. 다루기가 그리 쉽지 않다. 아동 학대가 반드시 피학대 경험이 있는 부모에 의해 일어난다고 할 수 없듯이, 가해자가 항상 피해 경험이 있다고도 할 수 없다.

범죄 반성을 위해 피해자의 심정에 공감하도록 가해자를 유도하는 것은 '타인의 마음을 헤아려본다', '타인의 입장에서 생각해본다'라는 식의 설교가 되기 십상이다. 이래서는 좋은 효과를 기대할 수 없다. 그렇게 되지 않기 위해서라도 자신이 받은 피해 경험에서부터 시작하는 것이 효과적이며, 이를 확대해 피해자의 관점을 치료교육에 도입하는 것이 무엇보다 중요하다. 하지만 이것을 실제로 실행하려고

교도소의 정신과 의사

하면 매우 어렵다. 자신의 피해 경험과 가해 경험을 균형 있게 다루는 기법은 주로 심리학자들이 시도하고 있다. 내 경우 피해자의 관점을 도입해 치료교육을 해본 경험이 없으므로, 이렇다 저렇다 말할 입장은 못 된다. 다만 이것은 앞으로 발전이 기대되는 기법이라고 생각한다.

심리치료의 세계에는 여러 종류의 유파와 기법이 있다. 헤아리자면 한이 없는데 일설에 따르면 수백 가지에 이르는 모양이다. 그중 가해자의 심리치료에 알맞은 기법이 있을까.

결론부터 말하면, 어떤 특정 기법이 적합하다고 단정할 수 없다. 로저스 학파의 심리치료는 환자와의 관계를 정립하는 데 참고가 된다. 정신분석은 환자의 심리를 이해하는 데 도움이 되고, 가족치료의 지식은 비행 및 범죄의 발생을 이해하는 데 필요하다. 가해자를 대상으로 하는 심리치료는 심리치료 가운데서도 상당히 응용편이다. 특정 기법에 구애받지 않고 쓸 수 있는 기법은 무엇이든 쓰고, 가능한 일은 무엇이든 한다는 것이 적절한 설명이 될 것이다.

어떤 기법을 사용하든 최소한 필요한 것은 기분, 감정, 사고의 언어화이다. 메타인지 또는 셀프 모니터링이라고 해도 된다. 가해 행동은 대부분 일시적인 정동이나 잘못된 관념에 지배되었기 때문에 나타나는 것이어서 우선 자신의 감정을 대상화, 외재화外在化해서 바라볼 수 있지 않으면 바꾸기 어렵다.

자신의 감정이나 사고를 외재화해서 바라보는 것은 인지
행동치료(CBT)가 목표로 삼고 있는 것이다. CBT 모델과 통
찰 모델을 도식화한 다음 그림을 참조하기 바란다.

통찰 모델에서는 치료자와 환자가 마주하고, 깊은 대화를
나누는 과정을 통해 환자가 자신의 내면을 성찰하는 도식
이 된다. 환자는 자기 자신과 마주할 것을 요구받고, 치료자
는 음으로 양으로 이를 격려하거나 요구한다. 때에 따라서
는 치료자가 요구해 환자와 서로 마주하기도 한다. 그러나
깊이 반성하고 성찰해서 자신을 변화시키는 일은 여간해선
일어나지 않는다. 나만 해도 그렇다. 하물며 자신의 내면에
있는 어둠을 응시하는 일은 무척 어렵다. 프랑스의 작가 라
로슈푸코La Rochefoucauld가 "태양을 똑바로 볼 수 없는 것처
럼 죽음도 직시할 수 없다"고 말했듯이, 마음속의 어둠 또한
직시하기는 쉽지 않다.

이에 반해 CBT 모델은 환자와 치료자가 치료 공동체를
만들어 환자의 문제를 외부로 꺼내(외재화하여), 환자와 치료
자가 함께 바라보고 문제 해결 방법을 찾아가는 도식을 취
한다. 치료자와 환자가 함께 '괴로운 문제'를 어떻게 해결해
야 할지 의논하는 방식이다. 나는 이 방식이 더 현실적이라
고 생각한다.

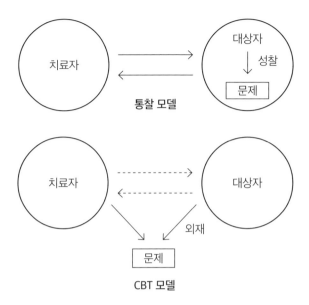

출처: 호리코시 마사루堀越勝·노무라 도시아키野村俊明, 《심리치료의 실천》

그다지 알려지지 않은 사실이지만, CBT 모델과 통찰 모델을 적용한 심리치료가 진행되려면 환자의 지적 능력이 어느 수준 이상은 되어야 한다. 그러나 교정통계연보나 범죄 백서 등의 자료를 보면 소년원이나 교도소에 수용된 수감자 중에는 지적 능력이 낮은 사람이 적지 않고, 대체로 학력이 낮다는 사실을 알 수 있다. 하나를 가르치면 열을 아는 상황이라면 가장 좋겠지만, 사실 이를 기대하기 쉽지 않다. 따라서 끈기 있게 세심하게 살피고 때에 따라서는 필요한 지식을 전달하며 진행해야 한다. 이는 정신과 의사가 법무교관과 교도관과 협력하여 수행해야 할 업무 중 하나이다.

가해자 중 상당수가 지적 능력이나 학력이 다소 낮은(물론 예외도 적지 않다) 현실을 외면한 채 정교한 심리치료론을 전개해본들 얻을 수 있는 것은 거의 없을 것이다. 원래 지시적 태도와 교육과 훈련 또한 심리치료의 일부를 구성하고 있으며, 가해자를 대상으로 하는 심리치료에서는 그 나름의 비중을 차지하고 있다. 다만, 이는 어디까지나 지식을 전달하는 것을 의미한다. 이른바 설교나 훈계는 별 의미가 없다.

마지막으로 소년원이나 교도소에서 면담을 하다 어려움을 느낄 때마다 떠올렸던 칼 야스퍼스의 말을 인용하고 싶다. "심리치료의 근본은 아무리 비정상적일지라도, 아무리 불쾌할지라도 그 사람에 대해 인내하는 데 있다." 야스퍼스 자신이 지병을 앓고 있어 임상 현장에서 환자를 접해본 적은 거의 없지만, 이 말은 사안의 본질을 꿰뚫고 있다고 생각한다.

어린 시절 "죄는 미워하되 사람을 미워하지 말라"라는 말을 배웠다. 지금은 거의 사어가 된 듯하지만, 피해자의 권리가 보호되는 것과 가해자에 대한 지원과 치료가 적극적으로 이뤄지는 것은 모순되고 대립되는 일은 아닐 것이다. 가해자를 대상으로 하는 치료는 성과를 명확하게 확신할 수 없는 경우가 많고, 또한 재범이라는 형태로 '실패'를 맛보는 경우도 있어 직업적 무력감을 종종 느낄 수밖에 없지만, 독특한 매력을 지닌 일이라고 생각한다. 그것은 '인간과 사회의 그늘과 이면'을 엿보게 해주어 '악이란 무엇인가', '정의란 무엇인가'를 생각할 계기를 마련해주는 일이며, 나아가 평소에는 외면해온 자신의 내부에 있는 '악'과 '파괴'를 향한 충동을 마주할 기회를 주는 일이기 때문이 아닐까 싶다.

마치며

우리는 보통 보고 싶지 않은 것, 생각하고 싶지 않은 것은 어딘가에 가둬두고 마치 그런 것들이 원래 없었던 것처럼 잊고 지내곤 한다. 비행이나 범죄에 대해서도 마찬가지다. 언론에서 크게 다룬 사건이라 해도 범인이 높은 담장에 둘러싸인 교정시설에 수용되면, 우리는 그걸로 한 건 해결됐다 여기고 그대로 잊어버린다. 그러나 비행이나 범죄를 저지른 사람들은 소년원이나 교도소라는 담장 안에서 생활을 이어가고 있으며, 그곳에는 이들을 관리감독하는 법무교관과 교도관들이 있다. 또 이들 중 상당수는 머지않아 담장 밖 우리 사회로 돌아온다. 그렇다면 우리가 안심하고 살아가는 데 큰 역할을 하고 있는 담장 안(교정시설)의 모습에 더 관심을 가지는 게 좋지 않을까. 담장 안에서 내가 경험한 일들을 사람들과 나누는 것도 무언가 의미가 있지 않을까. 그런 생각들이 내가 이 책을 집필하도록 이끌었다. 독자들이 이 책을 읽고 저마다의 감상평을 이야기할 수 있겠지만, 앞으로도 담장 안의 모습에 관심을 가져줬으면 하는 바람이 있다.

다만, 담장 안도 의외로 넓어서 나의 경험은 일부에 지나지 않는다. 또 나보다 오랫동안 교정시설에서 근무한 의사는 숱하게 많다. 이 책은 어디까지나 나의 제한된 경험을 바탕으로 쓰인 것이며, (당연하지만) 교정시설에서 근무하는 의사의 경험을 대표하는 것이 아님을 거듭 밝혀둔다.

또한 나는 피해자 지원에 관한 일에 관여한 경험은 적다. 정신과 외래에서 범죄 피해를 입은 환자의 치료를 맡아 한 경우는 적지 않지만, 그것은 어디까지나 임상의로서 해야 할 일을 한 것뿐이다. 피해자 지원은 사법정신의학의 큰 분야이며, 그런 의미에서도 비행이나 범죄에 관한 나의 임상 경험은 일부에 지나지 않는다. 범죄 피해자나 피해자 지원과 관련해 일하는 사람들이 이 책의 내용을 어떻게 생각할지 약간 불안하기도 하다. 그렇지만 피해자 지원과 가해자 교정 및 치료교육은 원래 서로 대립한 모순 관계는 아니므로 너그러이 이해해주길 바란다.

요사이 "포기하지 않는 한 꿈은 이루어진다", "노력은 배신하지 않는다"라는 등의 말을 자주 듣는다. 많은 사람이 이 말에 공감해서일까. 하지만 아무리 노력해도 성공하지 못할 수 있고, 이기지 못할 수도 있지 않을까. 평생 열심히 노력해도 노력의 대가가 따르지 않을 수도 있다. 게다가 이런 생각에 계속 빠져 있다 보면 "실패한 (이기지 못한) 건 노력이 부족했기 때문이다", "꿈을 실현하지 못한 건 도중에 포기했기 때문이다" 혹은 "꿈을 지켜나가는 방법이 부족했기 때문이다"라는 '자기책임론'에 도달하게 되는 게 아닐까. 더 많은 노력을 한 사람이 더 많이 성공하거나 혹은 실패하지 않는다고 단언할 수는 없다. 인생에는 아무래도 운과 불운, 그리고 불확실성이 따라다니는 게 아닌가 싶다. 그렇다면 실패한 사람이나 도중에 주저앉은 사람을 말 한마디로 싸잡아 비난할 수 없다.

나는 젊었을 때부터 이렇게 생각해왔는데, 수용소의 많은 청소년들과 교도소 수감자들과 많은 이야기를 나누면서 이런 생각이 더욱더 강해졌다. 내게는 대부분의 비행 청소년이나 수감자들이 인생의 우연과 불운에 농락당하고 있는 것처럼 보였다. 교정시설 수감자 중에는 참으로 불운하다고 생각할 수밖에 없는 사람들이 종종 있었다. 그리고 의료소년원에서 근무하던 시절에는 내 인생에서 아주 작은 무언가가 달라졌다면, 나 역시 소년원에 들어와 맞은편 의자에 앉아 있었을지 모른다고 생각했다.

그렇다고는 해도, 우리는 우리 자신의 인생을 스스로 살아갈 수밖에 없다. 소년원이나 교도소에 수용되어 있는 사람들은 인생의 우연과 불운에 휘둘렸을 뿐 아무런 책임이 없다고 말하려는 게 아님을 덧붙여둔다. 소년원의 아이들을 만나면서 나는 안타까움뿐 아니라, 불쾌감과 분노를 느끼기도 했었다.

이 책이 나오기까지 정말 많은 분의 도움을 받았다. 특히 미스즈쇼보 편집부의 다도코로 슌스케 씨에게는 에세이 풍의 글을 쓰는 데 도움이 되는 여러 가지 조언을 얻었다. 또 오랜 친구인 쓰루 쓰요시 씨와 야나기 요시오 씨는 기획 초기부터 따뜻한 격려와 귀중한 의견을 보내주었다. 이 자리를 빌려 감사의 말씀을 전한다.

노무라 도시아키

참고문헌

American Psychiatric Association, *Diagnostic and Statistical Manual of Mental Disorders 5th edition*, 2013. [미국정신의학협회, 권준수 옮김, 《DSM-5 정신질환 진단 및 통계 편람 제5판》, 학지사, 2015]

H. Asperger, "Die 'Autistischen Psychopaten' im Kindesalter", *Archiv für Psychiatrie und Nervenkrankheiten*(117), 1944, p. 76~136.

バーバラ・J・キャラウェイ, 星野敦子訳, 《ペプロウの生涯-ひとりの女性として, 精神科ナースとして》(医学書院, 2008).

J. Faraone·J. Biederman·J. G. Jetton et al., "Attention Deficit Hyperactivity Disorder and Conduct Disorder: longitudinal evidence for a familial subtype", *Psychological Medicine 27(2)*, 1997, p. 291~300.

S. Fazel·J. Chhabra·I, O' Donnell, "Dementia in prisons: Ethical and legal implications", *Jounal of Med Ethics 28(3)*, 2002, p. 156~159.

S. Ginn, "Elderly Prisoners", *BMJ*, 2012, 345:e6263

《犯罪白書》. http://www.moj.go.jp/housouken/houso_hakusho2.html

堀越勝·野村俊明, 《精神療法の実践-治療がうまくいかない要因と対処法》(医学書院, 2020).

法務総合研究所, 〈法務総合研究所報告11 児童虐待に関する研究(第1報告)〉, 2001.

法務総合研究所, 〈法務総合研究所報告19 児童虐待に関する研究(第2報告)〉, 2002.

L. Kanner, "Autistic Disturbances of Affective Contact", *Nervous Child 2*, 1943, p. 217~250.

カール・ヤスパース, 藤田赤二訳,《ヤスパース選集20 精神療法-精神療法の本質と批判》(理想社, 1988).

笠原嘉,《精神科医のノート》(みすず書房, 1976).

小林勇, "人間を書きたい〈三木清〉戦争に突入した時代の〈新しい哲学者〉の生き方",《文藝春秋》(1972. 12).

K. Schneider, *Klinische Psychopathologie*(Thieme Verlag: Stuttgart, 1950). [쿠르트 슈나이더, 이부영 외 옮김,《임상정신병리학》(일조각, 1996)]

《矯正統計年報》

https://www.e-stat.go.jp/stat-search/files??page=1&layout=datalist&toukei=00250005&t stat=000001012930&cycle=7&year=20190&month=0

K. Munir · J. Biederman · D. Knee, "Psychiatric Comorbidity in patients with attention Deficit hyperactivity disorder", *J Am Acad Adolesc Psychiatry 26*, 1984, p. 844~848.

中井久夫,《日時計の影》(みすず書房, 2008).

中島隆信,《刑務所の経済学》(PHP, 2011).

大熊一夫,《ルポ·精神病棟》(朝日新聞社, 1973).

長田弘,《一日の終わりの詩集》(みすず書房, 2000).

J. C. Reves · J. S. Werry · G. S. Elkind, "Attention deficit, conduct, oppositional, and anxiety disorders in children. II. Clinical characters", *J Am Acad Child psychiatry 26*, 1987, p. 144~156.

R. A. D'Ambrosio, *No language but a cry*(Laurel, 1971). [리처드 담브로시오, 장말희 옮김,《로라, 로라》(지문사, 1989)]

N. L. Robins, "Conduct Disorder", *J Child Psychol Psychiatry 32*, 1980, p. 193~212.

佐藤直樹,《加害者家族バッシング-世間学から考える》(現代書館, 2020).

上田閑照, 《西田幾多郎-人間の生涯ということ》(岩波書店, 1995).

WHO, "International Classification of Diseases", 11th Revision(2018).

※ 이외에 주의력결핍과잉행동장애ADHD, 자폐스펙트럼장애ASD 관련 참고문헌에 대해서는 오쿠무라 유스케奧村雄介·노무라 도시아키野村俊明, 《비행 정신의학—청소년의 문제행동에 대한 실천적 접근법非行精神医学-青少年の問題行動への実践的アプローチ》(医学書院, 2006)을 참고하길 바란다.

옮긴이 송경원

물리학과를 졸업하고 교육대학원에서 일어교육을 전공했다. 재미가 일이 되고 일이 재미가 되는 삶을 꿈꾸며, 재미있고 의미 있는 작품을 기획, 검토 및 소개하는 일에 힘쓰고 있다. 현재 소통인(人) 공감 에이전시에서도 번역가로 활동 중이다. 옮긴 책으로《인생의 마지막 순간에는 누구나 혼자입니다》,《마지막 산책》,《후회병동》,《고양이형 인간의 시대》,《대중을 사로잡는 장르별 플롯》,《같은 소재도 전혀 다른 이야기가 되는 글쓰기 매뉴얼》,《100세까지의 독서술》,《왜 케이스 스터디인가》등이 있다.

초판 1쇄 인쇄 2024년 6월 25일
초판 1쇄 발행 2024년 6월 30일

지은이 노무라 도시아키
옮긴이 송경원

펴낸이 최정이
펴낸곳 지금이책
등록 제2015-000174호
주소 경기도 고양시 일산서구 킨텍스로 410
전화 070-8229-3755
팩스 0303-3130-3753
이메일 now_book@naver.com
블로그 blog.naver.com/now_book
인스타그램 nowbooks_pub

ISBN 979-11-88554-81-2 (03190)